Rainer Rappmann/Albrecht Walter (Hrsg.)

TANGO
Obsession – Passion

RAINER RAPPMANN/ALBRECHT WALTER (Hrsg.)

# TANGO
# OBSESSION – PASSION

Ein Text- und Bilderbogen über das Wiederaufleben des argentinischen Tangos am Ende des 20. Jahrhunderts

mit Beiträgen von
Amira Cámpora, Michael Domke, Elisabeth Luchesi, Veronika Nadj, Nicole,
Ruth Rall, Rainer Rappmann, Marie-Paule Renaud, Gerrit Schüler, Albrecht Walter
sowie historischen Dokumenten

FIU-Verlag

Die Deutsche Bibliothek - CIP-Einheitsaufnahme

TANGO, Obsession – Passion : Ein Text- und Bilderbogen über das
Wiederaufleben des argentinischen Tangos am Ende des 20. Jahrhunderts /
Rainer Rappmann/Albrecht Walter (Hrsg.). Mit Beitr. von Amira Cámpora ... sowie
historischen Dokumenten. - 2. Aufl. - Wangen/Allgäu : FIU-Verl., 2002
ISBN 3-928780-19-0

ISBN 3-928780-19-0



Ein herzliches "Dankeschön" an Marie-Paul Renaud, Hamburg, für
die Zurverfügungstellung der historischen Tangoaufnahmen.

Umschlag, Ausstattung, Bearbeitung und Herausgabe: Rainer Rappmann & Albrecht Walter
Umschlag: mit einem Photo von Ruth Rall, Seehausen
Satz und Druck: Druckerei Kleb, Wangen-Haslach

Printed in Europe, region Allgäu

# INHALT


Rainer Rappmann
Tango: Bewegung in der Krise? – Anstelle einer Einleitung 7

Ein Brief von Nicole 15

Waldo Frank: „Das Wesen des Tangos ist embryonal" 19

Gespräch mit Michael Domke im „Milonga" in Bremen 23

Albrecht Walter
Tango-Gedichte und -Bilder 43

Albrecht Walter
Die Provokation der Sehnsucht nach Freiheit –
Versuch einer Annäherung an Astor Piazzolla und seinen „Tango Nuevo" 61

Gespräch mit Marie-Paule Renaud im „Tango-Gotan" in Hamburg 67

Veronika Nadj
Der Tiger Millán – gemalte Tango-Texte 81

Gespräch mit Amira Cámpora in Wangen 93

Tango-Bilder von Elisabeth Luchesi 107

Wissenschaftlicher Anhang
Gerrit Schüler
Wesen und Werden des argentinischen Tango 115

Autoren und Künstler 146

Photo- und Quellennachweis 148

# TANGO: Bewegung in der Krise?

## Anstelle einer Einleitung

Seit ca. Mitte der 80er Jahre kann man hier in Europa wieder verstärkt eine Hinwendung zum TANGO beobachten und zwar zum ursprünglich argentinischen, nachdem er zunächst in den 60er Jahren gestorben schien und selbst in Argentinien, seinem Entstehungsort, nur im Untergrund weiterexistierte. Auch der Autor dieser Zeilen hat ihn vor geraumer Zeit für sich entdeckt und tanzt ihn in bescheidenen Schrittfolgen, jedoch nicht minder begeistert. Für ihn stellt er – wie übrigens für viele, wie man hört – ein Mittel, einen Weg dar zur Bearbeitung einer und zum Umgang mit einer persönlichen Krise, nachdem der Standardtanzkurs in der Tanzschule nicht zur erwarteten Befriedung geführt hat.

Läßt man sich richtig darauf ein, entdeckt man sehr bald schon, daß dieser TANGO nicht einfach eine bestimmte Tanzform darstellt, sondern es taucht immer mehr ein ganzer Kontinent von Geschichte und Geschichten, von Menschen, von Gefühlen, von Ambiente, kurz von Lebensart und Kultur auf.

## Warum taucht der TANGO jetzt am Ende des 20. Jahrhunderts wieder auf?

Sehen wir uns zunächst die Entstehungssituation des TANGO an. Ende des 19. Jahrhunderts wurde er geboren aus einer existentiellen Notsituation, die nicht nur eine materielle Not, sondern insbesondere auch ein seelisches Defizit darstellte. Viele Europäer (insbesondere Südeuropäer) hatte es nach Argentinien gezogen, wo in großen Viehfarmen, sprich „Fleischfabriken", Arbeiter benötigt wurden. Versprochen wurde ihnen alles; gefunden haben sie davon kaum etwas. In dieser Situation herrschte nicht nur extremer Frauenmangel, sondern auch Heimweh und Sehnsucht nach den Herkunftsländern. Nicht von ungefähr hat man den TANGO als Ausdruck und Bearbeitung solcher Gefühle angesehen. Es steckt das Sehnen und die Suche nach... ja wonach? in ihm. Konkret ist es meistens die Suche nach einem Partner oder der Heimat bzw. die Wehmut um den Verlust derselben, wie es insbesondere in den alten TANGO-Texten ausgesprochen wird.

IM STICH GELASSEN
„Eines elenden Abends, der noch trauriger war
als der Kummer, der mich niederdrückte,
packte sie ihre Siebensachen
und ließ mich im Stich.
Ich sagte ihr kein Wort,
weder einen Vorwurf noch eine Klage;
ich sah, wie sie sich entfernte,
und dachte... jetzt ist alles zu Ende."

aus Dieter Reichardt: Tango, Frankfurt 1981

Tritt man jedoch etwas von den konkreten Texten zurück und konzentriert sich auf den Ausdruck der Musik, so spürt man nicht nur ein seelisches „Ziehen", sondern auch ein trotziges Gehen, ja Schreiten, das vor allem durch die Synkopierung hervorgerufen wird. Wenn nichts mehr geht – das Herz schlägt immer weiter.

Beide Gesten – der Verlustschmerz als auch der Trotz dagegen – werden insbesondere durch das „Herz"-instrument des TANGO, das Bandoneón (den Blasebalg) hervorgerufen und ausgedrückt und etwa durch die Geigen der späteren großen TANGO-Orchester ( z.B di Sarli oder A. Gobbi) vielfach nuanciert.

Hier taucht bereits als ein erstes Bild des TANGO auf: der Mensch der Moderne (der ja Ende des letzten Jahrhunderts geboren wird, wir werden das weiter unten noch genauer ansehen) – einsam und alleine, sozusagen „von allen guten Geistern verlassen", und doch eine Kraft in sich spürend, die ihn vorwärts treibt und weitergehen läßt (die er allerdings nicht immer und automatisch findet).

ALS WÜRD' EIN GROLL UMARMT
„Ich will allein mit mir sterben,
ohne Beichte und ohne Gott,
an meine Schmerzen gekreuzigt,
als würd' von mir ein Groll umarmt.
Nichts schuld' ich dem Leben,
nichts schuld' ich der Liebe.
Jenes bescherte mir Bitterkeiten
und einen Verrat die Liebe."

aus Dieter Reichardt: Tango, Frankfurt 1981

Als Lebensmotiv trägt dieser moderne Mensch jedoch nicht nur die oben genannten „privaten" Fragen mit sich herum, sondern tendenziell auch deren Transzendierung: die Suche nach dem Sinn des Lebens, die Frage nach dem Sinn des schönen Scheins, des Erscheinens des Menschen in den irdischen Verhältnissen und die Wehmut um deren Vergänglichkeit, die Frage nach dem Tod.

Solche Fragen gehören grundsätzlich zum Menschsein. Sie erscheinen verstärkt dann, wenn man sich in einer Krise befindet, bzw. der Sinn derartiger Krisen ist, daß man sich solche Fragen vorlegt und nicht sein Dasein verträumt. Das läßt sich vielfach am einzelnen Menschenschicksal beobachten. Meine Vermutung geht nun dahin, daß derartige Fragen verstärkt auch in bestimmten Zeitepochen auftreten; und dazu gehört das jeweilige Ende des Jahrhunderts. Einer subtilen Beobachtung zeigt sich, daß auch ein Jahrhundert keine zufällige Ansammlung von Ereignissen darstellt. Vielmehr hat ein Jahrhundert eine individuelle, organische Gestalt mit einer bestimmten Signatur, die als Motiv jeweils schon zum Ende des vorangegangen Jahrhunderts auftaucht. Ende des 18. Jahrhunderts war das Motiv für Europa die Fanfare der Französischen Revolution von 1789. Zwar konnte diese Sehnsucht nach *Freiheit, Gleichheit und Brüderlichkeit* zunächst nicht eingelöst werden: Es folgte mit *Napoleon* die Regression.
Auch Ende des 19. Jahrhunderts erschienen in den verschiedensten Lebensgebieten Motive und Signale, die sich erst im 20. Jahrhundert weitere Bahn brechen sollten. Denken wir an die Bildende Kunst, insbesondere die Malerei, als mit dem Dreigestirn *Cézanne, Van Gogh und Gauguin* der Grundstein für die moderne Malerei gelegt wurde. Auch in der Philosophie brachte *Nietzsche* die Entwicklung bis zum Abgrund des Individuums: „Gott ist tot", ja mit seinem „Übermenschen" bis zur Ahnung menschlicher Grundgröße. Diese sollte dann *Rudolf Steiner* Anfang der 90er Jahre des 19. Jahrhunderts erkenntnismäßig durchdringen und ihr mit der *„Philosophie der Freiheit"*[1)] einen neuen Boden bereiten. Bedenkt man dabei noch, wie sich die beiden persönlichen Lebenswege kreuzen bzw. berühren, spürt man den Krisenpunkt menschlicher Bewußtseinsentwicklung: Etwas Altes geht zu Ende, gleichzeitig und zeitgleich nimmt eine neue Bewegung ihren Ausgangspunkt. „Akron" ist griechisch und beschreibt eine solche Situation: im Deutschen etwa Spitze, Gipfel, aber auch Wendemarke oder gar Entscheidung. Könnte es sein, daß das jeweilige Ende eines Jahrhunderts verstärkt durch solche Krisen- und Wendemarken geprägt ist? Versetzt man sich in jene Zeit des „fin de siècle" zurück, als der TANGO entstand, erkennt man unschwer, daß etwas Altes zu Ende ging, sich aber auch unheimlich schwer damit tat, zu sterben. Mit der aufkommenden Industrialisierung (die Eisenbahn breitete sich seit Mitte des Jahrhunderts rapide aus), entstand im Industrieproletariat eine neue (Bewußtseins-) Schicht. Gleichzeitig versuchten sich Kaiser und Könige, obwohl längst in die Dekadenz gekommen, am Ruder zu halten, in Deutschland gar bis zum Ende des I. Weltkrieges (Man erinnere sich daran, daß es deutschen Offizieren in dieser Zeit verboten war, TANGO zu tanzen!). Daß derartige Ablösungen nicht ohne Krisen vonstatten gehen, leuchtet ein. Die Menschen spüren das und suchen nach Ausdrucksformen für ihre Seele. Der TANGO scheint – wie kein anderer Tanz – dazu prädestiniert zu sein, eine solche Seelenhaltung, die zwischen philosophisch-existentialistischer Melancholie, Weiterschreiten und einer tiefen Sehnsucht nach Ganzheit angesiedelt ist, auszudrücken. Dazu kommt, daß er den Eros zwischen Mann und Frau thematisiert; dazu später.
Gleichzeitig war das TANGO-Tanzen jedoch – und ist es immer wieder – nicht nur ein Ausdrücken, sondern auch ein In-Bewegung-Kommen, zumindest für diejenigen, die eine Veranlagung für Musik und Tanz mitbringen, und das könnten ja tendenziell alle sein, vergegenwärtigt man sich Kinder, die sich liebend gerne spielend und tanzend bewegen und bei denen der Tanz als eine der ursprünglichsten Arten menschlichen Ausdrucks beobachtet werden kann.

Werfen wir noch einen Blick in die Seelen- und Bewußtseinsverfassung unserer Zeit, die der 90er Jahre. Nach dem Zusammenbruch des Ostblocks spricht man auch vom „Ende der Utopien". Diese Aussage kommt eigentlich einer inneren Kapitulation gleich. Denn wenn der Mensch von keiner Idee mehr beseelt ist, der er zuarbeiten kann, hat er sich von seinem Menschsein bereits verabschiedet. Zu diesem gehört doch letztlich immer der Wunsch zu transzendieren, d.h. über den Stand der Dinge, der gegeben ist, hinauszukommen so, wie es *Ernst Bloch* einmal formuliert hat: *„Leben ist Überschreiten des Gegebenen"*. Jedenfalls wird heute immer deutlicher, daß nicht nur die kommunistischen Ideen zu kurz gegriffen waren, sondern daß auch die kapitalistische Wirtschaftsform des „Wilden Westens" bzw. die „Soziale Marktwirtschaft" die Probleme nicht mehr lösen kann und Mensch und Natur ausbeuten. Steigende Arbeitslosigkeit bei gleichzeitigem materiellem Überfluß, jedenfalls von einem Drittel der Bevölkerung der nördlichen Hemisphäre, befördern eben jene Krisen und Fragen nach dem Sinn des Lebens, die wir seit einigen Jahren spüren und die sich in zunehmender Therapiebedürftigkeit unserer Gesellschaft niederschlägt und spiegelt.

Der TANGO mit seinen Synkopen und seiner weichen und doch kräftigen, auf jeden Fall oft melancholischen Melodik, die vom sanften Klagen über das Seufzen bis hin zum jammervollen Aufschrei reicht, gibt keine Antworten auf diese Fragen, nach denen ohnehin keiner mehr zu suchen scheint. Wenn er diese parat hätte, wäre er als Kunstform sowieso zum Scheitern verurteilt. Aber er verschafft Bewegung und zwar in erster Linie der Seele, die insbesondere beim TANGO – wie natürlich auch bei allen anderen Tänzen – gefordert ist.

Auch scheint mir, daß der TANGO von der Musikalität her ein gewisses Defizit abdeckt, das dadurch entstand, daß das Schwingen in der Musik immer mehr zugunsten des Schlages (bis hin zu Techno) verschwunden ist. Wenn man die Musik aber ihres Wesenselementes beraubt, tötet man sie tendenziell. Interessant ist in diesem Zusammenhang, daß beim TANGO im Prinzip das Schlagzeug fehlt (weitere Ausführungen zu diesem Gedanken im Gespräch mit Michael Domke).

## TANGO als Soziale Kunst

Grundsätzlich ist jeder Tanz ein gestalteter Ausdruck des Menschen, also eine Kunstform. Zur Sozialen Kunst wird er schon dadurch, daß TANGO ein Paartanz ist, der in der Regel von einer Frau und einem Manne ausgeführt wird. Was aber ist der Stoff, in dem der TANGO dargestellt wird? Man könnte sagen: Es ist dies die bewegte Form der physischen Körper. Und doch hätte man damit nicht das Wesentliche der gestalteten Form des TANGO erfaßt; denn die spielt sich gerade im Bereich zwischen Physis und Seele ab: im Feinstofflichen, dort, wo EROS eingreift und kräftig mitmischt. Mit dem Erscheinen des Gottes EROS muß also und will jeder TANGO-Tänzer und jede TANGO-Tänzerin rechnen. Ja er und sie tun alles dafür, daß er erscheint. Cum grano salis spielt sich seine Qualität und Schönheit gerade darin ab, ob und vor allem *wie* er erscheint, d.h. wie das Gespräch zwischen Mann und Frau zustandekommt.

Der TANGO ist eine Form der Sozialen Kunst, wird er doch durch die Gestaltungskraft zweier Menschen ausgeübt, im Fall der Frau mehr als wahrnehmende, geführte Aufmerksamkeit, im Falle des Mannes mehr durch die wache, verantwortliche Formung und gestaltende Kreativität, auf jeden Fall aber durch erhöhte Präsenz, nicht des verkopften, jedoch tief aufmerksamen Bewußtseins im gesamten Körper – etwa nach dem Motto von *Joseph Beuys: „Ich denke sowieso mit dem Knie“*.

Während man beim TANGO-Tanzen – wie auch beim Tanzen überhaupt – das denkende Bewußtsein zurückstellt und sich dem organischen Zusammenhang von Musik und Bewegung anvertraut, kommt es doch in der Sozialen Kunst im allgemeinen darauf an, daß die Begriffe gebildet, sprich daß die Gesetzmäßigkeiten der sozialen Gestaltung erfaßt werden. Will ich beispielsweise in gesellschaftliche Prozesse gestaltend eingreifen, ist es ratsam und eigentlich unabdingbar, sich mit den großen Kraftfeldern der *Freiheit, der Gleichheit und der Brüderlichkeit* zu beschäftigen[2]. Beim TANGO-Tanzen muß ich das nicht unbedingt, wenngleich die Grundgrammatik gelernt sein will. Hier wird Hingabe an den Tanz und die Musik gefordert in einer Art und Weise, die fast an einen tranceähnlichen Zustand erinnert. Nicht umsonst bezeichnet der amerikanische Schriftsteller Waldo Frank 1917 das Wesen des TANGO als einen *„embryonalen Organismus, der lebt, aber noch nicht geboren ist“* (vgl. das gesamte Zitat S. 20). Schöner kann man einen Zustand der Geborgenheit jenseits von Freiheit (aber mit Würde) kaum bezeichnen. Alle Welt spricht vom „Kind in uns“, das es aufzusuchen und zu befragen gilt. Tanzen wir den TANGO, kommen wir diesem Zustand der gestalteten, vorgeburtlichen Bewegung, die die Entwicklung zum ausgestalteten freien Menschen noch vor sich hat, sehr nahe. Danach scheint gerade der moderne Mensch, der ja vielfach entwurzelt und wie „aus dem Nest gefallen ist“, eine große Sehnsucht zu verspüren. Inwieweit er dadurch an seine kreative, personale Urquelle herankommt, diese Frage möchte ich hier offenlassen; sie wäre eine Extra-Untersuchung wert. Auf jeden Fall kommt er auch mit seinen unbewußten Anteilen in Kontakt und Bewegung.

## Physiologische Dreigliederung im TANGO

Als äußerst hilfreich und fruchtbar erweisen sich die grundlegenden Forschungen von *Rudolf Steiner* über die physiologische Dreigliederung des Menschen, anknüpfend an die alte Trias von Leib, Seele, Geist [3].

Auch in Bezug auf den TANGO waren sie mir Schlüssel für weitere Betrachtungen.
In dieser Sichtweise kann der Mensch in folgende qualitativen Gliederungen unterteilt werden: Der Kopf ist das Zentrum des Nerven-Sinnes-Menschen. Hier sind die Sinnesorgane und ist das Nervenzentrum angesiedelt und damit auch der Ort des menschlichen *Denkens und Vorstellens*. Es ist der physiologische Ruhepol. Der obere Rumpf, die Brust (der „mittlere Mensch") beheimatet schwerpunktmäßig sein rhythmisches System: seine Atmung und seinen Herzschlag; es ist auf einem Hin und Her, auf einem Ein und Aus, auf einer Polarität aufgebaut. Ihm ist das abwägende *Fühlen* zugeordnet. Im „unteren" Menschen, im Gliedmaßenmenschen mit seinen Verdauungs- und Fortpflanzungsorganen läßt sich der reine menschliche *Wille* ohne Vorstellung lokalisieren. Bei dieser Betrachtungsweise geht es nicht darum, den Menschen in ein Schema zu pressen; vielmehr können auf einem solchen Wege Qualitäten erfahren werden.

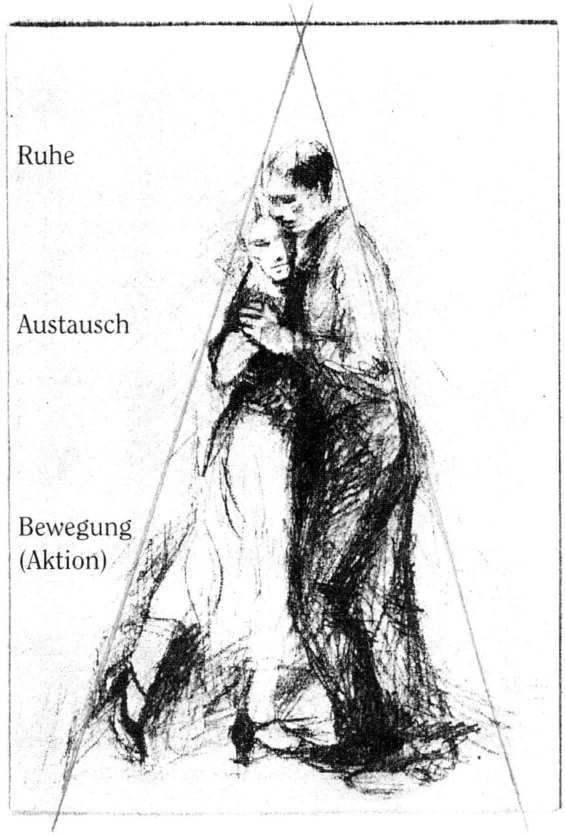


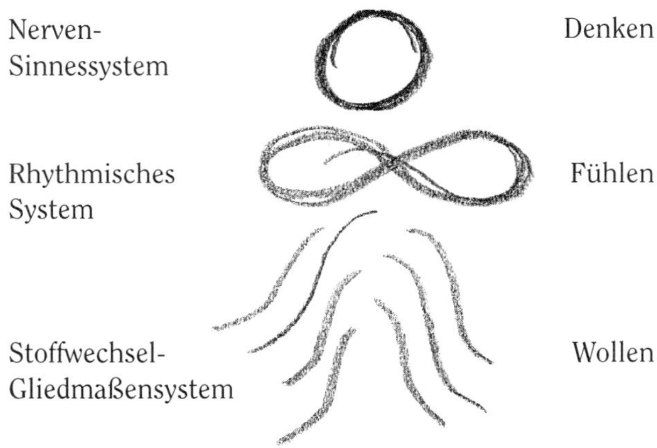


Schaut man sich den TANGO und seine Tanzhaltung aufgrund einer solchen Betrachtung an, erfährt man ihn sozusagen als ganz wesensgemäßen, dem Menschen angemessenen Tanz: Der Kopf verharrt in absoluter Ruhe. Oft tanzen die Paare Wange an Wange und die Frauen mit geschlossenen Augen. Jegliches Auf- und Abwippen wird vermieden. Auch gebietet die „Zelt"-Haltung beim TANGO (im Gegensatz zur „V"-Form beim Standardtanz) einen Ruhepol im „oberen Menschen". Der eigentliche Austausch und innere Kontaktpunkt der Tanzpartner findet rein physiologisch in der Herzregion bzw. im Brustbein und damit im Gefühlsbereich statt. Man trägt dafür Sorge, den gesamten Oberkörper immer parallel mit dem Partner zu führen. So ist man ihm sozusagen ganz „zugewendet"; hier findet Kommunikation und Austausch statt, ist die seelische Nabelschnur gespannt. Im „unteren", merkurialen Menschen, dort, wo der Stoffwechsel-Gliedmaßenbereich angesiedelt ist, wird die eigentliche Bewegung in all ihren vielfältigen Schattierungen durchgeführt.

Der TANGO als Tanz

ist ein Organismus

mit einem Kopf,

zwei Herzen

und vier Beinen.

Welchen Charakter hat nun diese Bewegung? Im Grunde ist sie geometrisch ausgerichtet. Der Grundschritt zeichnet in acht Schritten nahezu ein Rechteck nach. Die mehr rund ausgeführten Schrittvariationen der Frau wie die Acht (ocho) oder der gancho sind ebenfalls Zirkelschläge, die nahe am Boden vollzogen werden. Mit der Geometrie greift die Beinarbeit des Paares ein gedankliches Konstruktionselement auf, das wiederum von seinem Charakter her etwas mit dem Kopf zu tun hat. Die Tanzbewegung wird zwar nicht bzw. soll nicht von dort geführt werden, hat aber diesen Charakter, womit sich der Kreis der *physiologischen Dreigliederung* erneut schließt.

In dem Gedicht von *Augustinus* „Ich lobe den Tanz“ [4] wird bereits 1500 Jahre vor unserer Zeit die Gefahr angesprochen, in der sich der Mensch heute am Ende des 20. Jahrhunderts mehr und mehr befindet, nämlich zu zerfallen in seine drei Bereiche, die der Autor des gedichtähnlichen Textes ebenfalls kennt: nämlich *„ganz Hirn, Wille oder Gefühl zu werden“*. *Rudolf Steiner* hat am Anfang unseres Jahrhunderts sehr eindringlich auf diese Gefahr hingewiesen. Er spricht von der *„Mechanisierung des Geistes“, der „Vegetarisierung der Seele“ und von der „Animalisierung der Leiber“* [5] und das um so mehr in einer Zeit, die *„extrem konsumorientiert“* ist, wie *Marie-Paule Renaud* in dem hier wiedergegebenen Gespräch unsere gegenwärtige Situation charakterisiert und wo der Einfluß des Geldes und der *„Tanz ums Goldene Kalb“* (Pervertierung des Begriffes „Tanz“) immer stärker wird.

## Persönliches Resümee

Der TANGO als Tanz ist mir begegnet – Gott-sei-Dank! möchte ich sagen. Denn er ist – ganz im Sinne von *Augustinus* – ein Heilmittel für die Seele, zur Schaffung des *„Gleichgewichts ihrer Kräfte“*. In dieser existentiellen Situation der „Verlassenheit im eigenen Ich“, vor der schon einmal vor 2000 Jahren ein Gott stand, der Mensch geworden war und die heute prinzipiell jeden Menschen betrifft, weil die alten Rezepte und überkommenen Ideologien nicht mehr taugen, lernen und tanzen wir den TANGO als einen kreativen, anarchischen Tanz, der doch eine gewisse Grundgrammatik hat. Zwar möchte ich nicht behaupten, daß alle, die sich mit TANGO beschäftigen oder ihn tanzen, dies aus dem geschilderten Hintergrund heraus tun. Viele gehen zum TANGO-Tanzen im Sinne einer Freizeitbeschäftigung wie andere zum Bauchtanz oder zum Mountain-Bike-Fahren. Es sei aber die Frage danach erlaubt, was untergründig in unserer Zeit lebt und sich besonders im TANGO aussprechen will.

Alle TANGO-Begeisterten beschäftigen sich auf ihre je ureigene Art mit diesem Tanz und seiner Musik; denn der TANGO ist nicht im Privatbesitz einer bestimmten Richtung: *„Choreographisch betrachtet ist der TANGO ein Tanz, der denen gehört, die ihn tanzen – und das sind die engumschlungenen Paare.“* [6] Natürlich wollen und müssen alle lernen von denen, die schon mehr Erfahrung haben, etwa an seiner Quelle in Buenos Aires. Aber sie übernehmen keine Konventionen, sondern gebären ihn neu, so, wie er ihrer Individualität entspricht: *„Den TANGO müssen alle gemeinsam erneuern, Tänzer, Musiker, Dichter...“* [7]

So entspringt auch dieses Buch der ganz persönlichen Beschäftigung mit dem TANGO hier und heute. Es erhebt keinen Anspruch, allumfassend zu sein. Und doch hoffe und erwarte ich, daß es die Beschäftigung mit dem TANGO bereichert. Insbesondere freue ich mich, daß wir eine Reihe bildender Künstlerinnen und Künstler zur Mitarbeit gewinnen konnten, was dem Buch einen besonderen Reiz geben dürfte. Vielleicht kommt gerade auf diesem Weg etwas zum Leser und Betrachter, das die besondere Qualität des Wiederauftauchens des argentinischen TANGO am Ende des 20. Jahrhunderts in Europa ausmacht, weil er hier noch einmal durch weitere künstlerische Quellen gegangen ist und noch ein Stück mehr sinnlich und sinn(en)reich werden konnte.

Rainer Rappmann
Wangen, Winter/Frühling 1997

Anmerkungen

1. Rudolf Steiner: Die Philosophie der Freiheit, Grundzüge einer modernen Weltanschauung, Dornach GA 4
2. z.B. in Rudolf Steiner: Die Kernpunkte der sozialen Frage in den Lebensnotwendigkeiten der Gegenwart und Zukunft, Dornach GA 23
3. Rudolf Steiner: Von Seelenrätseln, GA 21 S. 150 ff. sowie: Die Kernpunkte der sozialen Frage in den Lebensnotwendigkeiten der Gegenwart und Zukunft GA 23, Kapitel II
4. Quelle Augustinus nicht ausfindig zu machen
5. Rudolf Steiner: Die Erziehungsfrage als soziale Frage, Dornach 1971, GA 296, S. 15/16
6. Aravena, Jorge: El Tango, Die Geschichte von Carlos Gardel, Berlin 1989, S.14
7. Petroleo in Tango-Info Nr. 9, S. 54

„Tanz und Musik sind eine Sprache, die die Götter verstehen."

Lebensweisheit indianischer Naturvölker in Südamerika

## ICH LOBE DEN TANZ

Ich lobe den Tanz,
denn er befreit den Menschen
von der Schwere der Dinge,
bindet den Vereinzelten zu Gemeinschaft.

Ich lobe den Tanz,
der alles fordert und fördert,
Gesundheit und klaren Geist
und eine beschwingte Seele.
Tanz ist Verwandlung des Raumes, der Zeit, des Menschen,
der dauernd in Gefahr ist zu zerfallen,
ganz Hirn, Wille oder Gefühl zu werden.

Der Tanz dagegen fordert den ganzen Menschen,
der in seiner Mitte verankert ist,
der nicht besessen ist
von den Begehrlichkeiten nach Menschen und Dingen.
und von der Dämonie der Verlassenheit im eigenen Ich.

Der Tanz fördert den befreiten,
den beschwingten Menschen
im Gleichgewicht aller Kräfte.
Ich lobe den Tanz.

Oh Mensch, lerne tanzen,
sonst wissen die Engel im Himmel
mit Dir nichts anzufangen!

Aurelius Augustinus, 354 - 430
(zugeschrieben)

„Tanzen erleichtert Dir viele Dinge im Leben.
Es tut Dir gut für das Gehen,
für die Elgeganz, um sich den Kopf freizumachen
und um bei guter Gesundheit zu bleiben.
Für viele Dinge ist der Tanz sehr wichtig,
mehr als ich zunächst selber dachte."

Eduardo Arquimbau

# EIN BRIEF VON NICOLE

Das Tanzpaar „Ricardo y Nicole", er Holländer, sie Deutsche, die sich im Tango gefunden haben, international auftreten und auch Unterricht geben, habe ich gebeten, zum Thema des Buches Stellung zu nehmen. Da ein persönliches Gespräch nicht mehr möglich war, hat Nicole einen Brief geschrieben, den wir im folgenden dokumentieren.

Lieber Rainer, den 18. April 1997

Endlich! ...
habe ich Zeit, mich mit Deinem Anliegen auseinanderzusetzten. Vorweg: Schade, daß es zu keinem persönlichen Gespräch kommen kann! Ich persönlich finde es viel reizvoller – gerade bei einem so komplexen Thema –, sich einfühlsam in einem Gespräch dem zentralen Punkt annähern zu können. So werde ich Dir einiges zu dem Thema „Tango" mitteilen, in einem imaginären Dialog, der doch leider ein Monolog bleiben wird.

Ich denke, um den Tango verstehen zu können, ist es wichtig, sich mit der Symbolik seiner Entstehung auseinanderzusetzten, zu betrachten, unter welchen Umständen dieser Tanz entstanden ist. Ein Tanz, der mehr als nur ein Tanz ist. Der Tango, eine Kunstform, die sich in drei großen Genren ausdrückt: Tanz, Musik und Poesie.

Zu Hause ist der Tango in Buenos Aires, geboren in der Wiege des Rio de la Plata. Die gesamte Stadt pulsiert im Rhythmus des Tango. Der Tango ist das Leben der „Porteños", ihre Form zu sein – eine Lebensphilosophie. Der Tango spiegelt das Leben der „Porteños" wieder, ihre Art zu sein, zu leben, sich zu bewegen, zu denken und zu träumen. Der Tango ist sehr direkt und bodenständig, ein Tanz des Volkes, kraftvoll und aufregend, das Chaos bändigend zu einem Tanz, direkt, rebellisch und frei, provokativ und dabei äußerst subtil und einfühlsam.

Ricardo y Nicole

Der Tango hat inzwischen auch Einzug gefunden in viele Länder und Städte dieser Welt. Dies ist phantastisch am Tango, daß er so flexibel ist, daß unterschiedlichste Kulturen Zugang zu ihm finden (nicht umsonst ein Tanz der Imigranten). Doch die purste Form des Tango findet man in Buenos Aires, der Metropole des Tango, seiner Heimat und Hauptstadt, inmitten des Schmelztiegels der Kulturen.

Doch zuerst einmal zurück zu den Anfängen:
Eine Art Urform des Tango gab es bereits Mitte letzten Jahrhunderts auf der Seite Uruguays, getanzt von den Schwarzen in Auflehnung gegen ihre Gefangenschaft, ein Tanz der Freiheit, dynamisch, rhythmisch und rebellisch – kraftvoll.
Der eigentliche Tango entwickelt sich jedoch in Buenos Aires. Ende letzten Jahrhunderts ist diese Stadt überschwemmt von Zuziehenden aus dem Landesinneren. Vertriebene Gauchos, heimatlose Soldaten und befreite Sklaven suchen nach einer neuen Bleibe und nach Arbeit.
Gleichzeitig erreichen tausende von Menschen über den Seeweg den Hafen „La Boca". Es sind Immigranten – vor allen Dingen Europäer –, die, getrieben von Armut und Bürgerkrieg, ihr Land verlassen haben. Argentinien wird das Ziel ihrer Hoffnung.
Fremd in der Fremde unter Fremden, einsam in der Masse, sehnsüchtig nach der verlorenen Heimat. Plötzlich in der Gegenwart – wurzellos und ohne Vergangenheit. Auch plötzlich ohne Identität. Wer bist Du jetzt, hier in der Fremde? Losgelöst aus der bekannten Umgebung. Ohne Beruf. Ohne Familie. Ohne Hintergrund und ohne Namen. Unter Tausenden, denen es nicht anders ergeht als Dir.
Auch ohne Perspektiven für die Zukunft.
Alles kam anders als erwartet. Keinesfalls fand der Immigrant Arbeit, Land oder gar Reichtum so, wie er es sich erhofft hatte. Einige wenige Reiche teilten das Land unter sich auf. Doch die große Masse war einfaches Volk, Menschen, die vor Bürgerkrieg und Armut geflüchtet sind, Menschen, die in Argentinien ihre letzte Hoffnung sahen, Menschen, die nur noch hoffen konnten, Menschen, die kaum eine Wahl und wenig Möglichkeiten der Entscheidung hatten.
In Buenos Aires erwartete sie die große Enttäuschung. Neben Massenverfahren der Einwandererbehörde (wo der eine oder andere übrigens auf Grund von Mißverständnissen seinen Namen einbüßte) erwarteten den Neuankömmling nichts als Mißstände. Überfüllte Mietskasernen, Arbeitslosigkeit, Frauenmangel und Prostituition. Ein hervorragender Nährboden für eine entstehende Unterwelt war gelegt. Zwielichtige Gestalten schlugen sich durchs Leben, so gut es ging. Sprachlosigkeit! Menschen unterschiedlicher Sprache und Kultur konnten sich kaum verstehen. Einsamkeit in der Masse! Mit wem konnte man Erinnerungen teilen?
Der Wunsch nach Nähe, nach Umarmung und Kontakt war groß. Rebellion hing in der Luft. Nicht nur, daß mit dem Schiff viele „politisch Unbequeme", „Revolutionäre" und „Nihilisten", das Land erreicht hätten. Der einfache Mann nimmt die Mißstände nicht einfach hin, nicht, nachdem er alles aufgegeben hat für einen neuen Anfang. Er lehnt sich auf gegen die Herrschaft der Großgrundbesitzer und gegen die Mißstände.

Die Tangotexte beklagen das Leid und den Mißstand. Sie singen von Einsamkeit und Verlust, von Betrug und Armut, von der verlorenen Liebe, der untreuen Geliebten und der verlorenen Mutter. Die Texte klagen an. Sie können ernst sein und von bitterem Zynismus, ironisch und verträumt, sehnsüchtig und kraftvoll zugleich, bereit zum Kampf.
Der Tangotanz erfüllt die Nähe. In der Umarmung tanzt das Paar eng umschlungen. Mann und Frau treten in einen Dialog, ein Gespräch, bei dem sie keine Worte brauchen. Der Tango wird improvisiert, der Rhythmus, der „Compas" der Musik ist der Leitfaden, an dem sich beide orientieren und finden können.
Niemand kann Dir sagen, was Du tanzen sollst und auch nicht wie. Niemand kann Dir Deine Phantasien und Träume wegnehmen. Im Tango tanzt sich jeder selbst. Es gibt genügend Freiraum für einen individuellen Stil, für Persönlichkeit.
Der Tango ist an sich melancholisch, auch in gewisser Weise traurig und einsam, vielleicht deshalb, weil in der Begegnung bereits die Trennung liegt.
Im Tango tanzt das Paar die Beziehung, das, was sie sich zu sagen haben, verbunden in der Harmonie und sich auseinandersetzend in der Spannung. Ihre Rollen sind gleichwertig, wenn auch nicht gleichartig. Und in ihrer Verbindung finden sie zu einer neuen Stärke, einer Stärke in ihrer Gemeinsamkeit.
Dualität ist ein zentrales Thema im Tango: Alles oder Nichts, Mann und Frau, Liebe oder Haß, Nähe oder Distanz, Verführung und Bedrohung, Führen und Begleiten.
Der Argentinier ist sehr gelassen. Er lebt im Heute. Mañana, das Morgen, interessiert ihn nicht. Das Gestern

hat er bereits vergessen – ein Leben im Chaos, Improvisation. Im Moment, der Situation entsprechend, entscheiden. Man kann sein Leben in Buenos Aires nicht planen. Alles kommt so, wie es kommt, heute anders als morgen. Nie weiß man, was passieren wird. Aber es erwartet auch keiner, daß etwas Bestimmtes passiert. Es passiert eben – etwas.
Der Argentinier, vielmehr der „Porteño“, ist sehr von sich überzeugt. „Yo soy asi“ Ich bin so, wie ich bin: Sein. Der Mann, stolz darauf ein Mann zu sein, die Frau stolz in all ihrer Weiblichkeit. Die Rollen von Mann und Frau sind klar definiert und stehen in keinerlei Konkurrenz. Der Mann ist Mann, die Frau ist Frau. Respektvoll begegnen sie sich im Tango. Unterschiedliche Geschlechter, anders wie Mond und Sonne, doch Teil eines Ganzen. Und gemeinsam lieben sie das tägliche Spiel der Verführung, ihr Anderssein.
Der Tango wird vom einfachen Volk getanzt. Mit aller Natürlichkeit der Bewegung.
Der Europäer hingegen lebt in einer Leistungsgesellschaft. Das Leben ist verplant und dadurch auch in gewisser Weise abgesichert, strukturiert und geordnet – übersichtlich. Der Gedankengang „wenn – dann“ ist dem Europäer vertraut. Das Morgen ist oft wichtiger als das Heute. Zukunft. Zukunftsperspektiven. Leistung. Etwas leisten. Sich definieren über Leistung.
Die Frau steht in der europäischen Gesellschaft 'ihren Mann'. Zumindest kämpft sie um gleiche Rechte und damit in gewisser Weise um Gleichwertigkeit, aber eben auch um Gleichartigkeit. Mann und Frau geben im Berufsleben und im Alltag ihr Anderssein auf. Mann und Frau nähern sich an, einem neutralen Bild des Menschen: man, nicht Mann und Frau. Die Rollen werden diffus. Die Auseinandersetztung, das Fremde im Paar, das grundsätzliche Anderssein von Mann und Frau fehlt.
Warum ist es ausgerechnet der Tango, der so fasziniert in nördlichen Breitengraden? Ist es nicht die Sehnsucht nach dem Mann-Frau-Sein in uns? Der Wunsch nach Nähe? Nach Körperlichkeit? Der Wunsch nach Individualität? Der Wunsch nach Freiheit und Natürlichkeit? Nach dem natürlichen Chaos? Ohne Streß und ohne Leistung? Nach der Natürlichkeit unserer Bewegung? Nach der Natürlichkeit und Menschlichkeit unseres Seins?

Ricardo und ich sind als Immigranten nach Buenos Aires gegangen. Wir haben die Geschichte des Tango am eigenen Leib erfahren, heute, einhundert Jahre nach seiner Entstehung. Ich habe mich neu entdeckt im Tango, mich, mein Frausein und meine Leidenschaft, meine Persönlichkeit mit all ihren Schwächen und Stärken, das Natürliche der Bewegung. Der Tango ist für mich Sprache, eine Sprache, in der ich mich mit meinem Partner verstehe, ohne Worte, direkt und klar. Es sind die intensivsten und intimsten Momente, die wir miteinander erleben, als Mann und Frau, als Du und ich, als wir, mit all unseren Sehnsüchten und all unserem Gefühl, all unserer Stärke, – so, wie wir gerade sind.
Für mich ist der Tango zeitlos. Er war immer mehr als nur ein Modetanz. Er birgt ein unwahrscheinliches Potential in sich, vor allen Dingen die Fähigkeit, den Zeitgeist zu vertreten. Er ist die Musik von Buenos Aires. Solange es diese Stadt gibt, wird es auch den Tango geben. Der Tango lebt und ist lebendig. Und solange es Menschen gibt, die den Tango leben, wird auch der Tango existieren. Er ist ein Bedürfnis und eine Sucht, für mich zumindest, nur ein Museumsstück, wenn man ihn der Vergangenheit zuschreiben will, ihn als altes Reptil erklärt. Dann geht dem Tango die Luft zum Atmen aus. Er atmet unser Leben so, wie das Bandoneon ein- und ausatmet, um zu singen. Der Moment, der vergänglich und einzigartig ist. Der Tango ist Zeitzeuge des Lebens, Spiegel der Seele.
Ricardo und ich haben damals die Brücke geschlagen von unseren Geburtsstätten nach Buenos Aires, von unserer alten Heimat in unsere neue Heimat, die auch die Heimat des Tango ist. Der Tango ist inzwischen Teil von uns so, wie wir inzwischen Teil der Geschichte des Tango sind.
Wenn wir im Ausland unterrichten, ist es ein Teil unserer Aufgabe, diese Brücke zurückzuschlagen, zu vermitteln zwischen den Kulturen, das Wesen des Tango offenzulegen, das Anderssein zu betonen, genauso wie das, was uns universell verbindet.

Alles Liebe! Und vor allen Dingen viel Tango
wünscht Dir

Nicole

# Waldo Frank:
# „Das Wesen des Tangos ist embryonal."

Tango-Tanzen zu verschieden Zeiten: 30er - 80er Jahre
Pepito, Gachafaz, Miguel Angel Zotto & Milena Plebs

„Das Wesen des Tangos ist embryonal. Deshalb bewegt er sich so verstohlen, vollzieht er die ethnischen Stufen der Vergangenheit, der spanischen, indianischen, negroiden nach, aus denen Argentinien entstand. Deshalb sind die Tänzer so umschlossen von der Musik, wie das Embryo in der Gebärmutter. Deshalb verharrt er im Zustand der Ruhe, macht den Eindruck des Schlafens, nicht des Wachens. Mann und Frau müssen sich willenlos und dennoch vorwärts strebend durch die Stammensgeschichte bewegen, die sie hält und formt. Der Körper des Tangos lebt, ist aber noch ungeboren."

Waldo Frank 1917 im Roman: „America Hispana"
zit. nach Collier, Cooper, Azzi, Martin: Tango - Mehr als nur ein Tanz, München 1995, S. 173 f

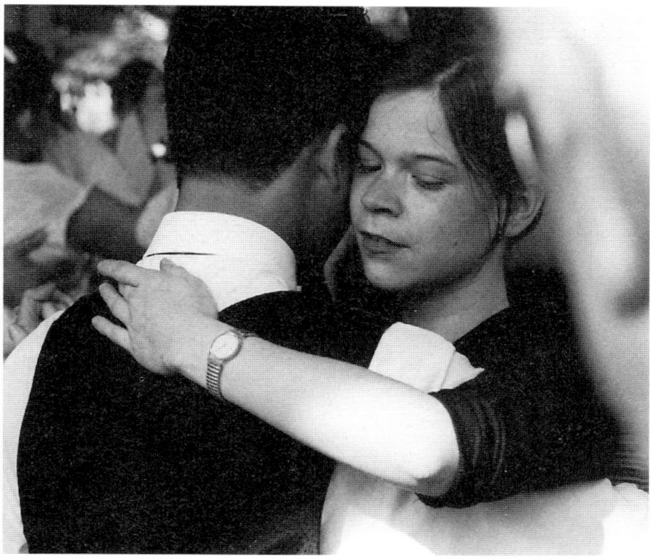

Tango-Tanzen 1997 in Zürich, Murnau, Kreuzlingen

# Gespräch mit Michael Domke

## im „La Milonga“ in Bremen am Sonntagabend, 26. Januar 1997, einen Tag nach dem großen Ball im „Haus im Park“

Das Gespräch führten Rainer Rappmann und Albrecht Walter. An fraglichen Stellen wurde durch RR, AW und MD gekennzeichnet.

Zum Einstieg liest Rainer ein Gedicht, das aber nicht kommentiert wird. Es stammt aus der Feder des Spaniers

ANTONIO MACHADO

Träumend wandere ich dahin auf Abendwegen,
die Höhen umgoldet, die Pinien grün,
staubgrau die Steineichen stehen.
Wohin mag der Weg wohl leiten?
Ich singe und folge nur
des Pfades endloser Spur.
Der Tag beginnt zu entgleiten.

Tief drinnen im Herzen stak
ein Stachel,
der schmerzte sehr.
Ich zog ihn. Seit jenem Tag
spüre ich das Herz nicht mehr.

Und die Felder ringsum sind
auf einmal stumm,
voll Verdruß, gedankenversunken.
Wind raschelt in Pappeln am Fluß.

Tiefer in Dunkelheit sinkt
der Abend.
Der Weg, er windet
sich weiter.
Schwächlich noch blinkt
sein Weiß wird trüb
und entschwindet.

Und wieder schluchzt mein Gesang:
Goldener Stachel, der als Schrecken
so tief in das Herz mir drang:
Ach, fühlte ich dich noch stecken!

*Unser Buch soll kein wissenschaftliches Werk werden und es soll auch kein Geschichtsbuch über die Entwicklung des Tango werden, sondern es soll ein stark durch Kunst bestimmter Bogen mit aktuellen Texten und Bildern enthalten, den die Leute immer wieder rausnehmen können.*
*Ich hatte mir überlegt, daß wir uns in unserem Gespräch zwei Hauptkreise vornehmen. Meinerseits wäre einfach die grundsätzliche Frage nach dem Thema „Tango“: Was ist Tango, was ist Tango dem Wesen nach als Prinzip, als Lebensprinzip? Und dann eben Tango heute am Ende des 20. Jahrhunderts.*

Was ist Tango? Tango ist ein Paartanz – erst einmal. Das fällt mir als erstes ein, weil ich nun mal Tänzer bin. Aber Tango ist eben wirklich mehr als nur ein Tanz. Es gibt ja die verschiedenen Aspekte beim Tango: Er ist einerseits Musik, andererseits Gesang und Text und dann eben Tanz. Also für mich sind es erst mal diese drei Aspekte, die es gibt beim Tango. Und dann ist er Widerspiegelung einerseits einer ganz konkreten geschichtlichen und sozialen Situation. Man findet einen ganzen Kosmos im Tango, was sich allerdings auf sehr unterschiedliche Weise interpretieren läßt. Allen Spekulationen sind Tor und Tür geöffnen.

*Das wollte ich gerade fragen: Ist denn Tango wirklich eine Weltanschauung oder doch mehr ein Lebensgefühl?*

Darauf zu antworten, fällt mir sehr schwer. Ich habe da keine abschließende Antwort. Ich denke manchmal: Es ist eine Weltanschauung. Dann merke ich aber, ich wüßte nicht, wie ich es definieren soll. Wenn ich jetzt darüber anfange zu reden, dann denke ich: Aber der andere, der auch so gerne Tango tanzt, der hat diese Weltanschauung nicht. Und dann komme ich schon wieder durcheinander, daß ich also nicht weiß, was da substantiell übrig bleibt am Ende, was man wirklich dann als Weltanschauung bezeichnen könnte. Also eine Weltanschauung, wenn ich jetzt noch mal so durchkaue, ist er dann doch wiederum nicht. Dafür ist er viel zu gefühlsmäßig ausgerichtet. Er ist mehr als eine Weltanschauung: Er ist intensivstes Leben.

*Nimm doch mal einen anderen Tanz raus! Nimm mal den Walzer, der ja auch in einer bestimmten historischen und psychischen Situation entstanden ist!*

Walzer, Quickstep, Rumba, alles mögliche, ja.

*Da ist einfach viel weniger Lebensgefühl drumrum. Oder wie würdest Du das abgrenzen bzw. differenzieren?*

Nein, ich kann nicht über das Lebensgefühl von jemand sprechen, der Rumba oder Walzer tanzt. Aber z.B. beim Wiener Walzer, eins-zwei-drei, eins-zwei-drei, und das die ganze Zeit, das produziert ein immer gleiches Sich-so-zu-Bewegen, Sich-so-zu-Bewegen, Sich-so-zu-Bewegen. Das erzeugt ein fließendes Dahinschweben, was wunderschön sein kann, aber kein Spiel, keine Vielfalt der Kommunikation beinhaltet.
Wenn man direkt den Tango-Vals dagegen hält, dann ist der Unterschied schon eklatant, obwohl man natürlich auch auf den Tango-Vals Wiener Walzer tanzen kann. Aber der Tango-Walzer hat eben ganz häufig Synkopierungen drin. Da ist die Zwei betont; da ist die Eins manchmal gar nicht betont. Und erst gar der Unterschied zum Tango, wo unvergleichlich viel mehr – aus meiner Sicht – Lebendigkeit, Überraschung und verschiedene Gefühlsqualitäten deutlich werden.
Es kommt eben auf den jeweiligen Tango an. Es gibt welche, die aus meiner Sicht kräftig, trotzig, voller Power und Energie sind, ohne jede Gefühlsduselei, und dann so richtig als Gegensatz dazu diejenigen, die triefen vor Weltschmerz und Sehnsucht: Ich habe meine Liebste verloren, und das Leben hat keinen Sinn mehr usw. Da denkt man irgendwie: Was für ein Kitsch, was für ein Schmalz! Der Schmalz kommt häufiger in den gesungenen vor. Aber viele instrumentale Tangos – auch gesungene – klingen ganz anders. Die Musik ist unheimlich klar, kräftig, kann aber auch gleichzeitig weich und wehmütig sein. Trotzig aufstampfen, das mache ich manchmal unwillkürlich beim Tango-Tanzen, habe ich gemerkt. Und wenn ich mich hinterher frage: Wieso tanzt man den so und den anderen so, dann denke ich: Ja, irgendwie, der gibt einem Power. Der ist völlig anders als der so dahinschmelzende und – ja vielleicht – eher kitschige und schmalzige. Da ist, finde ich, eine Riesenspanne im Gefühlserleben.

**Ich habe viel Kraft mit meinem Schmerz und durch meinen Schmerz gefunden.**

*Im Gefühlsbereich findet man dieses Spektrum von Mut bis zur Trauer ...*

Ja, genau! Es ist, finde ich, gewaltig. Und wenn Du dann noch zum Beispiel Piazzolla dazunimmst oder alle, die sich um Piazzolla oder nach Piazzolla definieren, dann kriegt das ja noch mal eine ganz andere Dimension. Das läuft ja nun auch unter Tango. Da gab es ja die entsprechenden Reibereien zu den Traditionalisten und so weiter. Aber für mich ist das Tango. Manche behaupten ja, ernstzunehmende und geschätzte Leute: Der ist nicht tanzbar. Sie haben gesagt: Das ist überhaupt kein Tango, weil sie nun eben gewisse konservative Seiten haben, wie das bei vielen ja geschieht, die etwas sehr lieben und dran hängen. Ich kann mich auch nicht daran gewöhnen, daß Teater ohne 'h' geschrieben werden soll; ich weiß nicht, warum. Ich bin damit groß geworden. Ich muß da auch so richtig einen kleinen, inneren Schweinehund überwinden. Es ist so ungewohnt, man ist so vertraut geworden mit der alten Schreibweise. An diesen und jenen Worten hängen Gefühle und Erinnerungen dran, und plötzlich sehen sie alle ganz anders aus. Das ist etwas ganz Menschliches, daß man an bestimmten Dingen emotional festhält und sie nicht so ganz leicht weggibt.
Für die Leute, die den Tango lieben und damit groß geworden sind, war das Heimat und Vertrautheit. Wenn dann jemand anfängt, diesen Tango wiederum so zu verändern und zu revolutionieren wie Piazzolla, dann haben die es schwer zu folgen, obwohl er im Grunde nichts anderes gemacht hat als damals die Leute auch, nämlich den Ausdruck seines Lebensgefühls im Exil wiederum in Tonform zu bringen, in einer bestimmten Epoche und sozialen Situation.
Tango ist wirklich vielfältig, hat viele Gesichter. Erst mal ist er für mich so vielfältig, wie Menschen Gefühlsqualitäten leben und spüren; die haben das damals in einer bestimmten Art und Weise mit dem Tangorhythmus ausgedrückt. Und da war das drin, aus meiner Sicht – und man könnte das wirklich wunderbar demonstrieren, indem man solche Tangos auflegt –: weich und

Michael und Amira

fließend oder hart, voller Kraft und positiv. Du hörst so etwas Klares, Helles: nach vorne – was weiß ich –, durch die Dunkelheit hin zum Licht! (Lachen) oder was man alles phantasieren kann. Und andere sind eben eher wehmütig, enttäuscht und voller Zweifel. Manche sind jedoch in ihrer Schmerzhaftigkeit und Traurigkeit so kraftvoll – und das ist für mich ein Geheimnis, was mich persönlich sehr betrifft –, daß ich gemerkt habe: Ich habe viel Kraft mit meinem Schmerz und durch meinen Schmerz gefunden; das ist da auch mit drin. Aber das ist nicht so jammernd und depressiv. Da ist zwar auch immer wieder etwas Trauriges und Gerührtes dran, aber es kommt eine unglaubliche Kraft raus. Das finde ich zum Beispiel in dem Gedicht, was Du mir gezeigt hast: wunderbar!

> **Da, wo Du erwartest, daß es „bumm" macht, da ist nichts.**

Aber das ist für mich so ein Geheimnis, wo man mal fragen muß: Wie läßt sich das denn verbinden? Natürlich ist vieles Spekulation, wenn man sich überlegt, wie das früher war. Soviele Leute es gibt und soviele Lebensläufe und Geschicke, so viele Interpretationen gibt es, was der Tango sei.

So ist es auch bei mir sehr subjektiv und persönlich: Was finde ich im Tango, warum tanze ich ihn? Warum finde ich die Musik so faszinierend? Warum fange ich an zu denken, daß das wohl eine Philosophie sein muß, wenn ich mein Leben jetzt mit dem Tango verbunden habe?

*Vielleicht ist das der Grund dafür, daß man in den meisten Tangos etwas Existentielles findet. Sie entstehen in einer Situation, die echt ist. Verstehst Du, es ist nicht aus einer Mode heraus entstanden wie zum Beispiel der Standard-Tango. Da ist einfach nichts Existentielles dran, oder?*

Och, da ist noch was dran. Es ist enorm, finde ich, was der argentinische Tango im Standard-Tango noch hinterlassen hat, jedenfalls so viel, daß meine Elterngeneration vom europäischen Tango immer geschwärmt hat: wunderbar, dieser Tango! Das war bestimmt nicht die ruckige Bewegung. Das ist das, was ich auch nicht schön finde, dieses Karikative. Nein, die haben gesagt: Ah, dieser Wiegeschritt, hm! Ja, das haben sie im europäischen Tango erlebt. Das ist durchaus noch dringeblieben.

Und diese Musik: diese Spannung, die die Synkopen machen! Da, wo Du erwartest, daß es „bumm" macht, da ist nichts. Das ist schon zum Beispiel so etwas: Da, wo Du erwartest, daß etwas kommt, da ist nichts. Und wenn Du nichts erwartest, da kommt der Schlag in der Musik, die Synkope. Mir fällt das gerade ein: Musikalisch ist wahrscheinlich doch ein bißchen das drin, was damals passiert ist. Die haben alles erwartet, denen hat man Land und Boden und Arbeit und Geld versprochen. Nichts von dem haben sie gefunden. Also da, wo sie erwartet haben, daß es einen großen Schlag tut, da war Pause, großes Luftloch, sozusagen. Und denen sind wahrscheinlich im Leben, denke ich, die Dinge eher zufällig begegnet, wo die vielen Kulturen, die vielen Sprachen und so weiter aufeinandergeprallt sind. Da sind die Dinge passiert, mit denen sie gar nicht gerechnet haben, eben die Liebesbeziehungen, oder auch mal hier ein bißchen Arbeit und Geld: das Zufällige und das Ausgeliefert-Sein. Die konnten ja kaum etwas richtig planen. Die waren so hineingeworfen, lauter Immigranten in Argentinien. Vielleicht ist das das Interessante an der Musik: Du weißt nicht, was kommt.

*AW: Das meine ich ja gerade mit dem Existentiellen, daß es ja nichts Erfundenes ist, sondern genau das zeigt, was ist. Du merkst das ja auch beim Tango-Tanzen. Da kannst Du nicht mit Schema F drangehen. Da mußt Du wirklich lernen, flexibel zu sein, improvisieren zu können und und und ...*

*RR: Das ist ja eigentlich das Thema des Existentialismus. Da besteht die Haltung, daß das einzig Gewisse, das wir im Leben haben, der Tod ist. Und alles andere sind Möglichkeiten im Leben, die wir ergreifen können oder nicht.*

MD: Das andere Gewisse ist das Leben.

*RR: Das gehört auch dazu.*

MD: Es kommt darauf an, wie herum man es nimmt. Das einzig Gewisse ist das Leben, und der Tod gehört zum Leben. Das ist eine völlig andere Herangehensweise als zu sagen: Das einzig Gewisse ist der Tod. Tod und Leben sind eine Einheit.

*RR: Wobei ja dann eigentlich die Fragen erst anfangen: Was ist das Leben?*

MD: Das spielt keine Rolle. Es hängt so eng miteinander zusammen; das eine ist ohne das andere nicht denkbar.

*AW: Ich meine auch mit „existentiell" nicht so sehr den Existentialismus, sondern wirklich existentiell. Also daß es einfach der Alltag, die Realität ist, daß es so ist, wie es ist. Es ist keine intellektuelle Herangehensweise; es ist durchlebt.*

Ja, es ist archaisch in gewisser Weise und direkt. Das finde ich oft in den Texten: „Scheiße, ich hab Ärger gehabt mit dem Polizisten an der Ecke, und jetzt will er mir ans Leder" oder „ich habe keine Kohle" oder „mir ist die Frau weggelaufen" und lauter solche Dinge. Oder einfach Wut und Ärger: Man ist betrogen worden, also so ganz menschliche, existentielle Themen.

*Manchmal sogar richtig primitiv...*

... was ich ja gerne mag. Primitiv im Sinne von ursprünglich, unmittelbar und direkt. Damit bekommt der Tango diese Intensität. Es geht um Liebe, Wärme, es geht um Sexualität, Zweisamkeit. Es geht um nacktes Überleben: Wie schaffe ich es? Es geht um Kampf; oft sind auch Streitigkeiten das Thema. Und dann geht es um Sehnsucht, Erinnerung, Heimat, Geborgenheit und über ganz banale, tatsächlich banale Fragen des täglichen Lebens bis zu hochpoetischen, wunderschön nuancierten Ausdrucksweisen oder Gefühlen.

*Aber die Themen, die du jetzt genannt hast, hat es ja sicher in anderen Jahrhunderten auch schon gegeben.*

Ja, richtig; das ist wohl wahr.

*Die haben nur andere Ausdrucksformen gefunden. Was hat der Tango mit dem 20. Jahrhundert zu tun? Er ist ja Ende des 19. Jahrhunderts entstanden. Da müßten wir das Jahrhundert mal anschauen, dieses Geworfensein in die Existenz, wo die alten Zusammenhänge zusammenbrechen, die alten Formen: Familienformen oder auch Glaubensformen, alles mögliche, wo eigentlich der Einzelne am Schluß nur noch ganz nackt und allein auf sich gestellt ist und sich dieses Ich herausschält in seiner ganzen, ja Armut, aber vielleicht auch potentiellem Reichtum natürlich. Hängt das Entstehen des Tango vielleicht damit zusammen?*

Ich würde sagen, mit Sicherheit ist das ein wichtiger Aspekt. Da bin ganz davon überzeugt.

*Er gehört zu unserer Zeit, auch zur Moderne, kann man das so sagen?*

Man kann ganz platt sagen: Er macht einen Siegeszug um die ganze Welt: von Nepal bis Thailand, von Japan bis Afrika, also gehört er zu unserer Zeit. Noch ein Jahr und die Eskimos werden ihn tanzen, sage ich manchmal. Der Tango ist heute absolut universell. Aus welchen Gründen das so ist, muß man herausfinden, nicht? Da kann man sicherlich etwas finden. Aber erst mal ist es klar: Er gehört zu dieser Zeit offensichtlich dazu, weil es unglaublich viele Menschen gibt, die sich ganz und gar einfangen lassen von diesem Tango und die sich selber als süchtig empfinden.

*Was ist das Moderne am Tango?*

Vielleicht ist es besser, diese Frage persönlich zu beantworten, als zu spekulieren. Zum Beispiel dieser Aspekt, den Du nennst – fangen wir mal damit an, weil mir dabei die Gedanken durchgehen –: Auflösung von üblichen Paarbeziehungen, Familie, Vereinzelung und all diese Sachen. Das zum Beispiel ist – mit aller Vorsicht – modern. Inwieweit sich die Leute früher auch vereinzelt gefühlt haben, das weiß ich nicht. Aber die bisherigen sozialen Zusammenhänge lösen sich auf, und es entstehen völlig neue Formen. Es gibt mehr Singles auf der einen Seite, und andererseits gibt es immer mehr gruppensoziale Versuche. Und die suchen was. Die sind ja alle auf der Suche.
Ich habe mich natürlich auch gefragt: Was hält mich so am Tango? Oder warum gibt er mir so viel? Und da ist ein wichtiger Aspekt – längst nicht der einzige, längst nicht –, daß ich in diesem Tanz dauernd eine schöne, wunderschöne erotische Energie erlebe und auch offensichtlich versprühe in diesem Moment, die mich ein Stück unabhängiger macht davon, immer wieder zu hoffen auf die einzige Frau, die es mir geben wird, und dann zu leiden darunter, was passiert, wenn plötzlich die erotische Energie wieder woanders hingeht. Da, habe ich bemerkt, gibt mir der Tango eine richtige Stabilität. Zu Anfang sah es so aus, daß er mich immer herumreißt und mein Leben völlig zerreißt, weil es keine feste Partnerschaftsbeziehung mehr gab. Die Leute haben mich gefragt: Wie ist das denn möglich, wenn man Tango tanzt, noch eine Beziehung zu haben? Ich habe

gemerkt, da ist noch etwas anderes dran. Zu Anfang war es schon so, daß ich dachte: Oh, ich muß gleich mit jeder ins Bett, so ungefähr, weil es so erotisch und so anziehend war. Jetzt habe ich gelernt und gemerkt: Ich kann den Tango einfach genießen. Und man kann auf eine bestimmte Weise – zwar nicht endgültig und ein für alle Mal – satt werden an erotischer Energie. Es ist wunderschön einen Abend zu tanzen und diese Energie zu spüren und zwar ohne diese Verpflichtung, sage ich mal, ohne dieses vielleicht Unausgesprochene: So muß das jetzt weitergehen. Es ist wie eine Vereinbarung für diese drei Minuten, die ein Tanz dauert, oder eben 15 oder 30. Du darfst das schenken und geben und es Dir schenken lassen. Es muß nichts danach folgen. Es ist legitimiert für diesen Tanz. Und man zeigt sich, daß man ein attraktiver Mann und eine attraktive Frau ist, und man spürt diese Attraktion beim Tanzen. Man spürt die Bestätigung, man spürt diese feine, erotische Energie, diesen Austausch, den Körperkontakt. Beim Tanzen spürt man ja – wenn man es sehr eng macht, ist es sowieso sehr klar und direkt –, die Bewegung des anderen Körpers, und zwar die ganze Zeit, wenn man eng tanzt. Das ist schon an sich etwas, was einem manchmal die Luft nehmen kann, was man sich sonst niemals im Leben trauen würde. Wo würde ich mir so etwas gönnen, wenn ich eine Frau sympathisch finde, sie so an mich zu drücken und sie so zu fühlen und auch noch in der Bewegung: ihre Brüste an meiner Brust, ihre Beine an meinen? Das ist hocherotisch: diesen herrlichen Frauenkörper zu spüren und ihre Bewegungen und ihre Energie, die sie ausstrahlt und ihr leichtes Seufzen im Ohr oder was weiß ich nicht alles. Also, man muß sich schon wiederum ein Stück davon distanzieren, weil das alles so stark und so viel ist.

> „Die Attraktivität für jüngere Leute ist oft deswegen nicht gegeben, weil ich glaube, daß dort oft im Vordergrund steht, die Energie rauszupowern. Die sind jung, voller Power, die wollen einfach nur rauspowern. Im Tango geht es eher darum, die Energie zu halten und zu transformieren, und – man könnte fast auch sagen – zu sublimieren, das heißt zu einer Kunst zu entwickeln, die darin besteht, daß Gefühle, Spannungen in Schritte, in Tanz umgesetzt werden. Junge Leute haben oft noch nicht das Verständnis dafür, wie schön es ist, Energie zu halten. Und das ist gut so."
> Michael

Das ist es aber nicht nur, wenn man mit den Körpern so aneinanderklebt, im Gegenteil: Bei manchen ist es eher abtörnend, weil man es einfach nicht will oder weil es nicht paßt. Trotzdem ist es ja ein dauerndes Angebot; da ist ja so viel an Kommunikation und vielleicht ist das auch ein Punkt, so eine Abkehr von einer bestimmten Form von Intellektualismus. Da hat man in der Studentenbewegung geredet: über den Kopf, über den Kopf, über den Kopf. Und jetzt geht's über den Körper und bloß nicht quatschen! Manche, die hier reinkommen in die Tangoszene, die sagen: Ich bin ganz erstaunt, da tanzt man so schön miteinander, aber man redet überhaupt nicht richtig miteinander.

*Tango-Tanzen ist also eine Form der Kommunikation.*

Es ist absolute Kommunikation, Austausch aller Energien der Partner. Das macht ihn ja so reich. Er ist dauernde Improvisation. Die beiden unterhalten sich mit ihren Seelen, mit ihren Körpern. Sie erotisieren sich oder nicht. Er ist vielleicht ein bißchen frech. Was tut sie? Sie sagt: Ätsch, kann ich auch! oder: Umarme mich zärtlicher! Er neckt sie weiter oder wird zärtlicher. Es gibt ja unendlich viele Figuren und Schritte, die man darüberhinaus noch mit ganz unterschiedlicher, z.T. gegensätzlicher Energie tanzen kann.

*Ich möchte noch mal auf einen anderen Aspekt der Beziehung zwischen Mann und Frau kommen. Beziehung kann ja nicht nur auf körperlich-erotischer Ebene gelebt werden, sondern es gibt ja auch den Eros im geistigen oder im seelischen Bereich. Mich würde interessieren, wie der Tango auf Paare wirkt, die den Eros umfassend leben. Hat er eher eine Wirkung, daß die Beziehungen in Krisen kommen, oder kann man das auch in einer Paarbeziehung leben?*

Ja, das kann man. Da gibt es viele Beispiele.

*Wie wirkt Tango auf Beziehungen?*

So vielfältig wie das Leben selbst!

*Das muß doch eine spezielle Wirkung sein.*

Er intensiviert, spitzt zu, läßt nicht unbeteiligt. Hier paßt das Wort von Ramon Regueira: „Tango sagt nicht:

Ich liebe Dich sondern: Tanze mit mir oder gegen mich!“ Er ist nicht lau, nicht halb; er fordert Präsenz, Hingabe, Wachheit mit allen Sinnen.

Es gibt Paare, die machen einen Kurs und gehen dann im Krach wieder weg. Das geht schon nach der ersten Stunde los: „Reiß nicht an mir rum!“ und „was soll das denn? Du machst nie, was ich will“. Und damit ist das Thema, was sie miteinander haben auf der körperlichen, unmittelbaren Ebene zum Thema gemacht worden. Das ist eine Form.

> „Tango sagt nicht: Ich liebe Dich sondern: Tanze mit mir oder gegen mich!“

Und dann gibt es Paare, die versuchen seit Jahren, irgendwie tänzerisch ein bißchen etwas miteinander zu machen, haben sich das aber nicht zugetraut; es ist ihnen nicht gelungen. Aus irgendwelchen Gründen haben sie sich da nicht so wohlgefühlt, waren unbefriedigt. Und jetzt kommen sie zum Tango und leben auf, sind ganz neu verliebt. Die kamen an: „Ich kann niemals Rhythmus lernen“ und dies und jenes nicht, und sagen später ganz oft: „Der Tango hat unser Leben so verändert.“ Manchmal sind es auch ältere Paare, älter im Sinne von über 45, 50. Die sagen: Das hat uns so einen zweiten Frühling beschert, diese Art miteinander zu tanzen. Das heißt, sie entwickeln Seiten und Fähigkeiten, Sensibilitäten, die unterentwickelt waren. Und bei den andern ist beides da. Die haben Phasen, wenn sie jetzt als Paar kommen zum Beispiel, wo sie erst total innig und schön tanzen, und dann fängt es an zu krachen. Es ist gleich existentiell und es geht tief.

*Man kann das nicht verallgemeinern, was der Tango mit einer Beziehung macht?*

Ich glaube, er intensiviert sie auf eine ganz bestimmte Weise. Er verdichtet, intensiviert sie unglaublich.

*Und wenn da schon der Wurm drin ist, dann kommt's raus?*

Dann kommt es da raus, ja. Es gibt in gewisser Weise eine psychologische Begleitung, wenn der Lehrer oder die Lehrerin Menschen sind, die ein bestimmtes Gespür dafür haben. Aber es ist natürlich – und ich wehre mich auch bisher immer – keine therapeutische Selbsterfahrung im Tango, die manche schon machen, weil sie erkannt haben, was für ein scharfes Instrument der Tango sein könnte, wenn man ihn therapeutisch einsetzt. Bei mir wehrt sich alles; es stellen sich mir die Haare zu Berge, obwohl ich natürlich weiß: Da geht es um alles, was Beziehung ausmacht. Das macht ja auch den Tango so reich. Da geht es um Geben und Nehmen, da geht es um Aktivsein und Passivsein, da geht es darum, sich gemeinsam auf etwas Drittes zu beziehen, nämlich die Musik. Man kann nicht den Schritt ein Vierteltäktchen später machen als der andere. Und wenn er oder sie es tut, ist die Freude dahin. Und er kann nicht einfach immer der Musik vorweglaufen und sie schwerfällig hinterherziehen. Das heißt, es gibt etwas *Gemeinsames, Drittes,* nicht nur den Rhythmus, sondern auch eine Melodie und eine Energie, die die Musik ausdrückt. Da sind natürlich auch wieder Interpretationsmöglichkeiten drin; da gibt es nichts Festes: So muß das sein. Sondern der Mann hört plötzlich mehr die Melodie dieses Stückes, die Frau irgendwie mehr den Rhythmus. Meistens geht das wunderbar; aber es kann auch ein Konflikt sein. Da hört man einen kräftigen Rhythmus und darüber liegt die Geige, und sie ist halt auf Geige und er auf Bandoneon: wum-ba, wum-ba und obendrüber diiie-daa-diiie-daa und unten wum-ba, wum-ba. Ja, Du kannst beides hören, Dich für beides aufmachen. Aber eins schnappt Dich sozusagen mehr, zieht Dich mit, und genau da fängt es an. Das ist für mich ein ganz entscheidender Punkt. Ein unsensibler Mann fängt an und macht sein Ding. Und wenn er dann Glück hat, ist die Frau gerade genau so drauf oder paßt sich total an, ist vielleicht nicht so drauf, aber macht dann eben mit. Genau da fängt es aber an. Das wird nicht so ein reicher Tanz sein, wenn sie einfach so mitmacht, weil er nun mal so zieht und macht und tut. Sie ist eigentlich mehr – ich bleibe mal bei dem Beispiel, obwohl das sehr vereinfacht ist – auf Geige und lange Bögen und Dahingleiten, und er ist auf Schlag und bum und bah. Jetzt kann es sein, daß beides seinen Raum findet: sie weich, gleitend, ruhig, er akzentuiert, härter. Das kann ein gelungener Austausch sein. Wenn man aber stur darauf besteht, daß der andere mitmacht, was man selbst will, wird es Krampf. Ich muß fühlen: Wo kann ich ihr entgegenkommen, wo mache ich das mit, was sie mir vorschlägt? oder wo kann ich sie durch meine schöne Energie, die ich habe, da hineinbringen, daß sie mit mir ein bißchen in diese etwas powerige oder temperamentvolle Art des Tanzes übergeht? Wenn das nicht gelingt, jetzt von ihm aus gesehen, dann ist er vielleicht kein guter Tänzer. Darf er ja auch ruhig sein. Also er muß ja auch nicht alle Paletten zur Verfügung haben, weil es technische Mängel, Sensibilitätsmängel, alles mögliche ja gibt; das ist alles o.k. Aber da liegt für mich der entscheidende Punkt. Das ist eine unglaubliche Intensität. Und es wird viel verlangt auf dieser Ebene. Denn wenn er sich nur ihr anpaßt, wo bleibt er denn dann? Da gibt es auch diesen schönen, gleichberechtigten Austausch nicht mehr.

*Diesen Punkt würde ich gerne mal anschneiden: die Gleichberechtigung, das Führen und Geführtwerden. Vielleicht ist es für Dich ja schon ein langweiliges Thema.*

Überhaupt nicht, nie! Nein, wirklich nicht! So wenig langweilig, wie Beziehung ist.

*Welche Möglichkeiten hat denn die Frau, auf Dich einzuwirken; denn die äußere Führung liegt ja beim Mann, erstmal. Wie wirkt die Frau auf Dich? Erzähl uns das doch mal! Denn man sagt ja: die Dominanz des Mannes unter der geheimen Regie der Frau.*
*Also wie wirkt die Frau, welche Möglichkeiten hat die Frau, Dich im Tanz zu führen, zu beeinflussen?*

Es ist relativ neu, daß ich da etwas bewußter werde. Dieser Satz zum Beispiel: „die Führung des Mannes unter der Geheimregie der Frau“, da ist irgendwie etwas dran. Aber das ist auch so ein hilfloser Versuch, etwas mitzuteilen. Ich meine, es ist genauso, wie ich das versucht habe, vorher zu beschreiben: Natürlich geht sie mit mir nach links und nach rechts und vorwärts und rückwärts, in eine solche Drehung, in eine andere Drehung. Das ist aus meinem heutigen Verständnis völlig banal. Das macht doch nicht den Tanz aus. Aber ob mich einer immer ein Stück zu schnell in den Rhythmus reinzieht oder mit einer gewissen Härte und energiemäßig vorgeht, oder ob er mit dieser Weichheit, mit diesem Fließenden mit mir mitgeht ...
Also, ich merke ja auch, wenn ich als Frau tanze: Das ist mir so egal, ob der mich nach links oder nach rechts führt oder nach vorwärts oder nach rückwärts. Aber wenn er mir eine „knallt“ da, wo ich in der Musik gerade am Träumen und am Schwelgen bin, das ist eben genau das, was alles zerstört. Ich merke das doch als Mann, was mit der Frau heute los ist. Ist sie so ein bißchen sportlich drauf und weiß nicht wohin mit ihrer Energie? Entweder laß ich mich davon anstecken und sag': Ach komm, das mach ich mit dir jetzt mit. Oder ich denke: Ach nee, so kann ich heute nicht. Komm, mach mit mir langsam! Und dann ist ein Konflikt da, gar nicht so im großen Wortsinne; sondern es ist so eine kleine Verschiebung. Es ist noch nicht die totale Harmonie, und dann fängt das Spiel an; jetzt fängt es an. Ist sie stur? Dann muß ich mich total adaptieren, das macht den guten Tänzer aus.
Es sind aber zwei gleichberechtigte Partner. Ich komme da nicht als Lehrerperson, sondern mit meiner Energie, weil ich jetzt einfach tanzen will. Ich höre die Musik, und die Musik geht mir rein, und ich möchte so tanzen. Da passiert es eben manchmal, was ich schon gesagt habe, da kommt es leicht zu solchen Spannungen, und entweder halte ich die aus und versuche, mit meiner ganzen Sensibilität und Überzeugungskraft und auch Energie präsent zu sein. Ich möchte sie mit meiner Energie einfangen, verführen, anstecken. Bleibe ich nur bei mir und lasse mich von ihrer Energie nicht anzünden, anstecken und folge ihr auch nicht mit ihrer Energie, dann wird das oft so einseitig. Dann kommt das, was viele Leute so unter Macho-Tanz verstehen: Der reißt an mir rum, der macht, was er will! Und ich höre ja auch die Kommentare über Männer – wobei ich ja genau weiß, wo deren Schwächen liegen –, und die Frauen sagen: Ach neh, der Reißer! oder der führt überhaupt nicht, da mußt Du alles selber machen. Also weder bringt er seine eigene Energie richtig mit ein, noch hört er vielleicht die Musik, hat also nicht die Fähigkeit, seine Antennen auf etwas Gemeinsames zu richten, weil er zu sehr noch beschäftigt ist, rein technisch vielleicht als Schüler, weil noch etwas fehlt. Oder er bringt seine Energie mit ein, aber er ist nicht in der Lage, die Frau, mit der er tanzt, wirklich als eigenständiges Wesen zu integrieren, was ich alles kenne; ich kenne alles. Also im Laufe der Zeit sagt mir dann eine Partnerin: Wie wär's denn mal mit Führen? Ich bin dann so am Träumen; ich vergesse einfach, daß ich ihr auch wirklich zeigen muß, was ich will. Oder sie sagt: Sag mal, tanzt Du alleine? Kannst Du auch mal ein bißchen Rücksicht auf mich nehmen? All diese Facetten kenne ich. Und dann merkt man, worauf es ankommt.
Am Ende bleibt für mich tatsächlich – das habe ich jetzt immer öfter festgestellt – nichts anderes, als daß es um diesen Austausch der Energien geht. Und da hat die Frau – das ist meine heutige feste Überzeugung – beim Tango ganz genau so viele Anteile wie der Mann. Dann passiert dieser wunderbare, lebendige Austausch, daß

man sich begegnet. Man spürt sich, man probiert was, man schiebt das Bein, und man merkt: Oh, das hat ihr aber Spaß gemacht! Und jetzt ein bißchen mehr Energie, und den doppelten Rhythmus gehen: bam-bam-bam-da-ram-bam-bam. Und da merkst Du beim Gehen: Eu-jeu-jeu, da geht sie aber mit! oder Du merkst schon, wie sie geht und dasteht: stolz, unabhängig, oder will sie sich verkriechen oder nur anlehnen? Es geht nicht so sehr um komplizierte Schritte, sondern um Begegnung und Austausch.

*AW: Und deshalb finde ich das auch bei Dir so schön zu beobachten in den letzten Jahren, daß Du immer mehr auf das Wesentliche kommst. Also diese Übungen zum gegenseitige Adaptieren, wie Du es nennst, oder wo es einfach um das Einlassen geht und das zu tanzen, wo es um die feinen Sachen geht und nicht den Schritt noch und den noch; Du wirst da immer einfacher.*
*Du hast es einmal ungefähr so ausgedrückt: Das Wichtigste beim Tango ist, daß man sich umarmt, – wir umarmen uns –, und es ist schön. Es kommt also überhaupt nicht drauf an, den Schritt noch und den Schritt noch und den Schritt noch. Und das, finde ich, ist auch eine Herausforderung für die – ja – deutsche Mentalität, die ja schnell ins Perfektionistische abgleitet, und dann geht es irgendwann nur noch um Schrittkombinationen. Das Schwierige ist halt dieses Hören.*

MD: Und das Körperliche, nicht? Intellektuell sind wir ja nicht schlecht.

*RR: Vielleicht kann man an der Stelle auch mal fragen: Ist es denn besonders ein deutsches Phänomen, daß der Tango am Ende unseres Jahrhunderts neu auflebt?*

Nein.

*Ist das ein internationales Phänomen?*

Ja, es ist vor allem ein europäisches Phänomen: überall, in Finnland sowieso, in Norwegen wird es immer mehr, in Schweden ist es schon eine Zeit lang, Belgien, Holland, Schweiz, Spanien, Frankreich, Italien ... aber eben auch in der ganzen Welt: Japan, Thailand, Indonesien, Hongkong, Philippinen, Brasilien, Chile, Afrika ...

*Wie sieht es in Amerika aus? So stark wie bei uns?*
Es wird stärker. Die haben natürlich immer die kulturellen Besonderheiten. Der Tango hat's da schwerer aus verschiedenen Gründen; die machen „Pick-up-System". Das ist ein ganz eigenes Thema. Ich muß schmunzeln, wenn ich daran denke, wie ich es erlebt habe: Die machen zwei Stunden Tango, so, wie sie andere Dinge auch zwei Stunden machen. Und dann nach den ersten zwei Stunden sind sie schon mittleres Niveau, und haben sie noch weitere zwei Stunden gemacht, sind sie schon weit fortgeschritten. Da hatte ich zunächst einmal große Schwierigkeiten, denen klar zu machen: Das ist ein Tanz, der fürs ganze Leben gedacht ist, so ungefähr. Da ist man nicht weit fortgeschritten, wenn man sechs Stunden hat oder wenn man sechs Kurse hat. Vielleicht ein Beispiel: ich mag nicht gerne zwei Stunden arbeiten, und dann kommt nichts mehr. Du kannst einen Schritt zeigen und kannst mal ein paar Sätze sagen; aber dann ist es wieder weg. Du kommst überhaupt nicht dazu, daß die Leute mal körperlich spüren, worum es geht. Sie lernen dieses Schrittchen, jenes Schrittchen, und manchem passiert es dann über die vielen Stunden, daß er auf die Idee kommt: Mensch, der Tango, der hat ja was! Aber sie kommen dazu nicht innerhalb eines Workshops, wie das hier manchmal passiert, daß sie denken: Oh, da habe ich aber was gespürt! So tanzen sie auch: Sie tanzen noch nicht sehr gut. Das kann ich so kritisch sagen. Aber sie sind auf dem Weg. Natürlich gibt es einige Amerikaner, die gut tanzen. Aber dafür, daß er dort schon genau so lange getanzt wird wie in Deutschland, ist das Niveau in Deutschland um einiges besser.

*Also man kann aber jetzt nicht sagen, daß sich der Tango in Deutschland besonders zeigt.*

Ja, wir haben ein bißchen die Nase vorn, zusammen mit Holland, Belgien, mit den Beneluxländern.

*Wie erklärst Du Dir das? Amira sagte ja, daß wir Deutsche mehr die geistige Seite oder die Intellektualität repräsentieren und daß wir vielleicht da einen Nachholbedarf haben.*

Ich denke schon, daß wir da eine besondere Sehnsucht haben. Uns gibt der Tango deswegen mehr, weil er eine Seite füllt, die wir sonst nicht so sehr leben, das glaube ich, ja.

*Gibt es da bestimmte Schichten, Akademiker, Menschen, die mehr intellektuell arbeiten und jetzt den Tango tanzen?*

Michael und Amira

Schon, aber ich merke zunehmend, zwar ganz langsam – und ich registriere es ganz freudig –, daß ich das Gefühl habe, er breitet sich ein ganz klein wenig auch bei Leuten aus, die nicht so intellektuell sind. Aber das ist nicht Tango-spezifisch bei solchen kreativen Sachen.

*Gut, dann würde ich gerne mit Dir zusammen an dieser Stelle auf unsere Zeit schauen, durchaus mit dem Tangogedanken im Hintergrund. Wie würdest Du denn unsere Zeit charakterisieren? Was ist da jetzt los, Ende unseres Jahrhunderts? Was macht das Besondere dieser Zeit für Dich aus, in der wir jetzt leben: etwa die 90er Jahre?*

Ich überschaue unser Jahrhundert immerhin fast 45 Jahre, wobei ich mich im ersten Lebensjahr noch nicht getraut habe zu bewerten, auch nicht im zehnten, und noch nicht im 20.; aber ein bißchen habe ich schon mitgekriegt.

*Also, wir haben die 50er Jahre, denke ich mir mal, gefühlsmäßig noch mitbekommen. Wir haben die 60er bewußt mitbekommen als junge Menschen, die 70er, 80er, also jetzt die 90er Jahre.*
*Die 68er Zeit war gekennzeichnet durch eine Aufbruchsstimmung, durch einen starken Veränderungswillen, was ja übrigens auch einherging mit der Musik, ganz stark. Und mir ist doch aufgefallen, daß der Tango wohl Anfang der 60er Jahre genau da gestorben ist, wo unsere Generation mit Pop und Rock anfing, ein ganz neues Lebensgefühl zu propagieren und wo dann auch eine ganz andere Rhythmik und Schlagrhythmik hereinkam, was heute bis in Techno, ja – ich würde sagen – in den Tod der Musik geführt hat. Von daher habe ich versucht, mir zu erklären, warum man wieder eine Sehnsucht nach einer atmenden Musik, nach dem synkopischen Tango hat. Das, was in den 60er Jahren musikalisch begonnen hat – mit dem Vorlauf Rock'n Roll der 50er und der hat ja Wurzeln, die noch weiter zurückreichen, aber im Prinzip kann man sagen, in den 60er Jahren begonnen hat –, habe ich das Gefühl, das ist heute an einen Endpunkt gekommen, daß da so nicht mehr einfach weitergewurstelt werden kann. Diese harten Schlagrhythmen, die ja nur noch aus dem Computer kommen und die direkt in den Bauch reingehen und Du nur noch die Gliedmaßen sausen läßt. Es ist ja kein Spiel mehr, kein Zwischenraum mehr möglich.*

Ja, so empfinde ich auch.

*Aber jetzt zu unserer Zeit, weil mich das doch sehr interessiert. Man könnte ja auch sagen: Der Tango ist Nostalgie.*

Mit Sicherheit ist er das auch, aber eben nicht nur.

*Wie empfindest Du unsere Zeit? Wie ist sie für Dich gekennzeichnet? Du kommst ja ziemlich viel herum.*

Ja, ich habe ein Problem damit, allgemein zu fragen, wie es den Leuten geht. Ich fange lieber ganz subjektiv an zu fragen: Was ist denn eigentlich mit mir los, um dann rüberzuschauen zu den anderen. Da deckt sich ja dann vieles.
Mein Leben ist ziemlich klar gekennzeichnet durch verschiedene Formen des Identitätsverlustes in gewisser Weise, zum Beispiel meine Identität als Arzt, ebenso wie andere Identitäten auch: Man hat nicht einen Beruf bis zum Lebensende. Das heißt: diese Schnellebigkeit und Verfügbarkeit, Mobilität, diese Sachen, das erlebt man wirklich. Ich erlebe es am eigenen Leibe, was berufliche Dinge angeht, Ortswechsel, Trennung von der Familie, Partnerschaften gehen auseinander. Das passiert überall , so daß ich das Gefühl habe: Man kann sich wenig auf das verlassen, was man nun meint, irgendwie verstanden zu haben, wie das Leben so sei, schon gar nicht funktioniert es, sich an überkommenen Werten einfach nur festzuhalten. Das ging früher ein ganzes Leben lang. Dann ging das wenigstens noch ein halbes Leben lang, und dann traten die Midlife-Krisen ein. Jetzt habe ich das Gefühl: Jeder kriegt so alle drei oder vier Jahre eine Midlife-Krise. So kommt es mir manchmal vor; es sei denn, man läßt irgendwie los, in gewisser Weise zu meinen: Jetzt, das ist es! Ich laß mich nieder und jetzt weiß ich, wo's lang geht, endlich! Pause! Das kann man machen. Da habe ich das Gefühl, das holt einen auch immer wieder ein, und je starrer man ist in seinen Vorstellungen, je weniger offen und je weniger im Fluß, um so mehr verbraucht man Kräfte zum Festhalten, anstatt fürs Leben.
Ich bin schon nostalgisch, muß ich sagen, und ich habe ein gehöriges Mißtrauen gegenüber den Leuten, die behaupten, sie hätten keine großen Nostalgien in sich oder Sehnsüchte und auch so etwas Konservatives in dieser Hinsicht. Ich denke, das ist eben auch etwas Menschliches, nämlich an das anknüpfen zu wollen, was man kennt. Man liebt, was man kennt, und es ist nicht ganz so leicht, das loszulassen. Das läßt der Tango aber nicht zu: Er entsteht in jedem Moment neu.

*Ist das das Kreative?*

Das ist natürlich das Kreative. Es ist das unglaublich Kreative daran, daß Menschen, die wirklich dafür offen sind, sich dem Moment zu überlassen, so tanzen, wie heute ihre Stimmung ist. Und daß man wirklich auch die Möglichkeit hat, den Moment zu beeinflussen, indem man diese schöne Spannung von Geschehen-lassen und Selbst-verantwortlich-Sein für das, was passiert, indem man diese Spannung lebt. Diese schöne dialektische Wechselbeziehung, die macht der Tango dauernd zum Thema. Ich kann nicht einfach nur geschehen lassen, ich muß auch immer eigene Energie einbringen. Ich kann aber nicht alles zwingen, weil ich jetzt so will. Dafür ist erstens die Musik zu überraschend, selbst wenn man sie oft gehört hat, oder wenn man mit derselben Partnerin oder demselben Partner tanzt. Auch dann ist man gezwungen, geschehen zu lassen; denn sie macht was mit ihm, und er macht was mit ihr. Und dieses Im-Moment-wirklich-Sein und –Tanzen, das ist es.

Eine Generation vorher haben sie doch bis ans Lebensende geplant, Renten und alles mögliche. Also wenn Du das als eine Realität des 20. Jahrhunderts, oder jetzt im ausgehenden 20. Jahrhundert nimmst, dann paßt dieser Aspekt des Tangos einfach so rein in das, was die Therapien machen. Das heißt im Moment sein, in diesen drei Minuten, und das macht süchtig; da ganz zu versinken, befreit unglaublich. Du hast nicht mehr die Sorgen von vorhin, und Du machst dir keine Gedanken, was nachher ist. Du bist so mit Deiner Energie, mit der Musik verwoben, aber nicht nur beim Tango, sondern wie viele andere Dinge, die auch Zulauf haben, die eine starke Kraft haben, die anziehend sind für Menschen.

*Ist das nicht ein bißchen auch die negative Seite dieser Haltung: der Tanz auf dem Vulkan, das Schiff geht unter, die Titanic geht unter, und die Leute wollen gar nicht gucken, was draußen passiert. Das Schiff sinkt und die Hauptsache ist, der Moment stimmt für sie. Daß das Schiff in zwei Stunden untergegangen sein wird, interessiert niemand.*

Das hat man zum Beispiel ja auch den Therapien vorgeworfen. Die Menschen sollen sich – ich kenne diesen Vorwurf so – auf sich zurückbesinnen und gucken, was bei ihnen jetzt dran ist und politischer Kampf aus der Zeit, wo ich noch aktiv war (ich war politisch sehr aktiv), wurde als Quatsch behandelt; der kam gar nicht mehr vor. Sagen wir mal so, die Gefahr ist immer da, daß jemand damit allein genug hat und tanzend in den Untergang geht: Titanic. Ich denke, das ist immer eine Gefahr. Man

Als ich in Buenos Aires war, auf einer dieser typischen Milongas, das heißt Tanzgelegenheiten, wo man Milonga und Tango tanzt. Dort wurden zwei Shows angekündigt, eine war von einem jungen Paar, 26, 27 Jahre alt, körperlich und technisch und tänzerisch bestausgebildet, mit Ballettausbildung; sie haben wunderschön getanzt. Aber es war, ich sage es mal, es war sehr gekonnt im Sinne von, alles war richtig. Und dann kam ein Paar, weder gut angezogen, noch showmäßig präpariert, noch den ästhetischen Bedürfnissen entsprechend, die man hier in Europa so kennt. Er klein und dick, sie wirklich eine lange Bohnenstange in diesem Sinne, wie man das bei uns so sagen würde, wirklich anderthalb Köpfe größer als er. Und die beiden haben da getanzt, und ich war irgendwie gerührt, aber auch irritiert. Aber dann haben die so schön getanzt, und beide waren um die 70 Jahre alt. Und sie haben mit einer Intensität diesen Tanz celebriert, und eben nicht vorbereitet im Sinne von Choreographie, für die Show alles präpariert. Die haben im Moment so getanzt, wie ihnen war. Sie fühlten sich natürlich geehrt, daß sie einen Auftritt hatten. Und sie haben alle Menschen – das waren 200 bis 300 Leute in diesem Saal, die einfach zum Tanzen gekommen sind – so berührt, daß sie standing-ovations bekommen haben, wirklich von Herzen, ein Riesenapplaus, der nicht enden wollte, weil alle berührt waren von dieser Intensität, die dieses Paar über Jahre im Tango immer wieder erlebt und weiterentwickelt und wirklich bis zur Vollkommenheit gebracht hat, obwohl sie die Schritte nicht ästhetisch perfekt setzten, und die Frau das Bein nicht bis zu einer bestimmten Höhe bekam und der Mann dies nicht und das nicht. Sie waren einfach innig, voller Liebe und Verliebtheit in diesen Tango und in sich, in diese Musik. Und das kam an, und alle waren sie begeistert. Und das hat mich total überzeugt. Von diesem argentinischen Paar habe ich als Deutscher unglaublich viel gelernt."

Michael

findet etwas, was beruhigend ist im Moment. Da würde ich mich nicht scheuen, den Tango in seinem Potential auf eine Stufe zu stellen mit allem, was guttut; das kann alles zur Droge werden, keine Frage. Und wenn die Menschen, die zum Beispiel Tango tanzen, sich einen Dreck kümmern um Veränderungen und sich dann immer in den Tanz flüchten, in den Tango, dann denke ich: hm, Scheiße! Das wäre nach meiner Sicht nicht das, was ich ...

*Aber Du hast doch empfohlen – mehr oder weniger gerade –, daß man das tun soll.*

Inwiefern habe ich das empfohlen?

*Du hast gesagt, es sei gut und richtig, ganz den Moment so zu nehmen, wie er ist, sich nicht um das Morgen, nicht um das Gestern zu kümmern.*

Ja, aber das ist ein Mißverständnis, weil ich das nicht für alle Aspekte des Lebens propagiert habe. Ich finde, was uns wirklich fehlt, ist, den Moment zu leben. Ich kann nicht beim Tanzen mir Sorge machen um das „Morgen". Der Tango fordert ganze Hingabe; dann gibt er Kraft und Energie, wie viele Dinge, wenn man sie wirklich ganz tut und dabei ist.
Im übrigen: würden wir so leben, daß wir viel mehr authentisch, echt und direkt Gefühle und Impulse leben, würde es unser Leben positiv revolutionieren; es würde vitaler, echter, befriedigender werden. Andererseits wie alle schönen Dinge, denke ich, die gut tun, besteht auch beim Tango die Gefahr von Einseitigkeit, von Sucht, von Mißbrauch. Aber das ist vielleicht auch nicht das Thema. Ich denke, das kann so sein. Dafür trägt man selbst die Verantwortung.

*Ich glaube auch nicht, daß der Tango irgendeine Art von Antwort sein kann auf irgendwelche Fragen. Aber er kann in Bewegung bringen.*

Richtig! Aber ich habe jetzt willkürlich nur einen Aspekt herausgegriffen, weil Du nach dieser Verbindung fragst: Tanz – warum jetzt? Da kann man wirklich – ich sage es jetzt so schlagwortartig – eine Palette von Themen benennen: Beziehung der Geschlechter und ihre Neudefinition. Es gab alte, patriarchalische Strukturen. Dann kam die feministische Bewegung, die sexuelle Revolution der 60er Jahre, Verunsicherung der Männer, Emanzipation der Frauen, Softies, und was weiß ich. Wie soll man sich begegnen? Mann ist unsicher, Frau ist es auch, aber anders, geht voran, nimmt das Heft in die Hand. Die Männer laufen entweder hinterher oder ziehen sich zurück und wissen nicht weiter oder fangen an zu reflektieren, besinnen sich auf die neue Rolle und so weiter und so fort. Da paßt der Tango auch rein, denn ... – ja, da müßte ich jetzt sehr subjektiv werden, scheue mich aber wiederum, das verallgemeinern zu wollen. Aber aus der Erfahrung auch als Lehrer kann ich sagen: Es ist etwas Schönes für ganz viele Männer, diese Rolle des Führenden zu übernehmen im Sinne von „ich treffe jetzt eine Entscheidung", also Verantwortung zu übernehmen für einen Schritt, nämlich nach links oder nach rechts. Und ich mache der Frau diesen klaren Vorschlag: Bitte, komm mit mir nach links! Und es gibt ja viele emanzipierte Frauen beim Tango; es ist ja nicht so, daß hier irgendwelche „Weibchen" herkommen, die den Männern gerne nachlaufen. Es sind ja oft gerade die, die sehr selbstbewußt und selbständig sind. Mir hat mal eine gesagt: „Michael, was erwartest Du von mir? Ich bin alleinstehend, ich habe vier Kinder" – gut, es ist ein extremes Beispiel – „ich bin berufstätig, und ich manage von morgens bis abends. Ich habe keinen Mann in meinem Leben, der das männliche Prinzip repräsentiert. Und jetzt komme ich abends zum Tango, und Du sagst mir: Laß dich führen!"

*Ja, das hat Angelika aus unserer Gruppe gesagt, daß sie genau das genießt. Sie steht draußen ihre Frau, ihren Mann, und läßt sich beim Tango gerne führen. Wenigstens da möchte sie diese Qualität zulassen und sie leben.*

Und man kann sich streiten, ob das ein Überbleibsel aus vergangenen Zeiten ist, diese Qualität, oder ob das weiblich und ewig weiblich ist; das ist ja völlig egal.

*Es ist auf jeden Fall eine Qualität, die ich im Tango spüren und aufnehmen kann.*

Und wie viele vermissen das? Viele Frauen finden das wunderbar, und ich kann es verstehen, weil ich auch als Frau tanze. Wenn ich mit einem Mann tanze, der gut führen kann, auch manchmal mit einer Frau – aber meistens brauche ich einen Mann, wegen der Statur –, dann merke ich, wie herrlich das sein kann, wenn er klar ist, und ich brauche mich um nichts zu kümmern. Die Männer sind ja zu Anfang besonders im Kopf beim Tango, weil sie eben so viele Möglichkeiten haben: die

Musik und auch noch überlegen müssen, wie sie sozusagen die Partnerin dahin führen. Wenn ich aber als Frau tanze, kann ich mich der Musik überlassen und dem Mann, der mich richtig führt: Ach, es ist herrlich! Ich kann auf dieser Ebene nachvollziehen, wie schön das für die Frau sein kann, sich führen zu lassen. Es besteht offensichtlich ein Bedarf danach, diese Qualitäten miteinander zu leben, dann natürlich mit der entsprechenden Sensibilität und Rücksichtnahme für den Partner. Aber das ist doch eine Qualität: im Moment leben, die Geschlechterrolle neu definieren, Führen, Geführtwerden, Boden finden, was für mich persönlich sehr wichtig gewesen ist. Es ist kein Tanz, der zwischen Himmel und Erde hin und her geht.

*Machst Du das in Deinen Kursen auch so, daß Du diese Rollen bewußt mal wechseln läßt?*

Ja.

*Sind die Männer nicht doch mehr prädestiniert, die andere Rolle zu spielen? Ich habe gemerkt, wie schwer das ist, sich führen zu lassen.*

Ich mache es nicht, weil ich denke, daß sie es wirklich perfekt lernen müssen; aber es hat einfach viele positive Aspekte. Die Frauen haben dann zum Beispiel mehr Verständnis für die Männer. Sie sind etwas langmütiger, weil sie plötzlich merken, wie schwer das ist. Da habe ich schon so viele gehört, daß sie sagen: Oh Gott, ja Mensch, das ist ja wirklich nicht so leicht! Sie haben es körperlich sowieso leichter; sie können sich oft besser bewegen. Beim Tango haben die Männer außer ihren eigenen Schritten dann eben noch die Aufgabe zu führen und die nächsten Schritte im Kopf zu haben und die Musik und den Rhythmus ... Das ist viel und alles auf einmal. Die Frauen legen sich in den Arm und denken sich: Mach mal, ich komm mit! Und dann ist er nicht im Rhythmus, und dann vergißt er, sie zu führen, usw. Und die Männer merken, wie sie das richtig machen müssen, wie komisch das ist, wenn man nicht weiß, wo man hingehen soll, daß man da so rumsteht. Dann macht man aus lauter Hilflosigkeit den Schritt, und dann ist er falsch und es reißt auseinander. Also rein tanztechnisch ist es wunderbar, daß die Männer, wenn sie eine Frau führen wollen, wissen müssen: Wie fühlt sich das an, wenn die Frau in der Acht ist? Wie fühlt sich das an, wenn der Kerl

an ihr so rumreißt? Wie fühlt sich das an: Sie will ins Kreuz gehen und in dem Moment, wo sie reingehen will, kriegt sie von ihm eine Stahlhand in den Rücken gedrückt? Diese Erfahrung zu machen, ist für die Männer schon unglaublich wertvoll. Wir machen es aber relativ spät, mal zu Anfang so zum Spaß: kurzes Spüren. Aber es ist dann schnell ein Überfordern, wenn man das zum Programm macht. Aber später machen wir das öfter mal.

*Hast Du auch Leute, die untereinander gleichgeschlechtlich tanzen, Männer mit Männern und Frauen mit Frauen?*

Männer mit Männern selten. Es melden sich manchmal zwei Frauen an, aber relativ wenig.

*Das wird in der Gesellschaft auch mehr toleriert.*

Richtig! Darüberhinaus können meine Partnerinnen alle führen und tanzen auch mit Frauen. In den Kursen ist eher die Tendenz, daß die meisten Frauen wirklich mit einem Mann tanzen wollen und die Männer mit einer Frau. Und es kommt immer wieder vor, daß Frauen das Führen lernen wollen, weil es ihnen Spaß macht.

*Zum Schluß würde ich noch mal gern auf das Gedicht zurückkommen, das ich zu Anfang vorgelesen habe, mit dem Stachel.*

Darf ich vorher, Rainer, noch ganz kurz einen Satz sagen, was mir in letzter Zeit so deutlich geworden ist: Das sich gemeinsam auf etwas Drittes zu beziehen wie die Musik, das finde ich so faszinierend. Das merke ich, das macht glücklich. Wenn Du merkst, sie hört die gleiche Musik wie ich. Der Bezug auf etwas Drittes, das ist etwas ganz Schönes.

*Also gar nicht an sich denken, sondern an das Dritte.*

Ja, man überläßt sich der Musik, und die Partnerin tut das auch. Sie tun es beide und haben die gleiche Wellenlänge, was die Musik angeht, und es fließt, weil sie sich etwas Drittem anvertrauen, also nicht: Ich will das, und Du willst was anderes. Nein, wir lassen geschehen, was die Musik mit uns macht. Es ist etwas ganz Faszinierendes. Ich glaube, das gehört auch zu so einem Glücksgefühl und zu einem Harmoniegefühl dazu.

*Es gehört aber auch eine gewisse Musikalität, also ein Verständnis von Rhythmik usw. dazu. Wenn Du das nicht hast, tust Du Dich schwer im Tango, oder? dann kannst Du nur gewisse Schemata durchbringen, ohne wirklich zu hören, was abgeht.*

Das stimmt. Aber das Schöne ist, daß ich als Lehrer inzwischen wirklich felsenfest davon überzeugt bin, daß es jeder lernen kann. Dafür habe ich so viel Beispiele gehabt von Leuten, wo ich zu Anfang dachte: Oh Gott, Mensch, was haben die denn für ein Gefühl beim Tango? Die quälen sich ja dermaßen. Sie hörten aber nicht auf, sie hatten den Wunsch und die Sehnsucht. Und ich habe gemerkt, daß das gute Tänzerinnen und Tänzer geworden sind. Da gibt es wirklich eine Menge Beispiele. Das ist für mich als Lehrer natürlich etwas, was glücklich macht. Vielleicht hat das auch mit meiner Entwicklung zu tun, daß ich mit 36 Jahren noch Tänzer geworden bin oder ein Musikinstrument gelernt habe und zwar so, daß es schön klingt und anderen und mir Freude machen kann. Das hieß doch immer: Entweder Du lernst das als Kind oder – Pustekuchen. Und da merke ich eben: Das ist nicht wahr, das liegt an Deiner eigenen Resignation, die Du hast! Wenn Du das glaubst, oder wenn Du mit Deinem Leben schon meinst, am Ende zu sein, dann fehlt Dir diese Aufbruchsstimmung, dann fehlt dir das Gefühl: Das kann ich lernen. Klar fallen manche Sachen etwas schwerer, andere Sachen dafür nicht. Du hast dafür Erfahrung und eine innere Flamme. Du weißt, was Du willst, während Du als Jugendlicher oft denkst: Naja, spielste halt Klavier, machst dies oder jenes. Aber es packt Dich nicht so. Und deswegen schaffen es alle, die „Unmusikalischen", die tanzen nach einer Zeitlang richtig gut, wenn sie diese Liebe zur Musik haben. Die haben sie aus irgendeinem Grund, wenn sie beim Tango bleiben, obwohl es auch Arbeit ist. Da kommen sicher Enttäuschungen. Und wenn die bleiben, dann bleiben sie aus dem Grund, weil sie irgendwas treibt. Die lernen es und werden gute Tänzer.

*„Den Stachel! Ich zog ihn heraus. Seit jenem Tag spüre ich das Herz nicht mehr." Und dann kommt zum Schluß die Sache mit dem „goldenen Stachel". Mir kommt da das Thema mit der Wunde und mit der Krise in den Sinn.*
*Meine Frage ist zweierlei: Was hat Dich an diesem Gedicht berührt? Hängt es mit diesem Stachel zusammen, mit diesem wunden Punkt, mit diesem Umschlag-*

*punkt? Was hat der Tango damit zu tun, mit diesem Stachel, mit dieser Wunde?*

Ja, ich finde, das ist eine schöne Frage, Rainer. Es gibt immer diese Krisen und Narben. Das ist auch mein Thema gewesen. Ich habe den Tango kennengelernt, kurz nachdem ich die größte Krise meines Lebens hatte, bzw. ich war noch voll drin: Umbruch, Selbstmordgedanken, Depressionen, völliger Zusammenbruch, so in meiner alten Vorstellung. Mein ganzes Weltbild stimmte nicht mehr, kann man kurz sagen, mein Eigenbild nicht mehr. Ich habe immer weniger Kraft gehabt, weil meine alten Kräfte – sozusagen die geliehenen – einfach nicht mehr ausreichten und auch die Vorstellungen nicht mehr. Meine Träume damals waren immer abgehoben, ohne Basis. Das Gebäude drohte immer mehr ..., und ist dann auch zusammengebrochen. In dieser Zeit habe ich den Tango und mich gefunden. Es entspricht haargenau dem, was tausende andere geschrieben, gesagt, gesungen haben: nämlich daß diese Art von Schmerzen den Zugang zum Tango ermöglicht, und daß der Tango geboren ist aus dieser Qualität. Vieles Gewohnte brach zusammen, und das macht Wunden. Ich denke, das macht Enttäuschungen. Und das ist heute vielleicht ähnlich, weil man so schnell umdenken muß. Man legt etwas in eine Beziehung hinein, und dann ist es doch nichts. Man wird enttäuscht, weil man mit den Vorstellungen von früher da herangeht. Das geht so nicht, und man versucht alles mögliche, beruflich ... Wieviel Menschen sind beruflich jetzt mit Arbeitslosigkeit konfrontiert? Da hängt ein ganzes Leben dran. Nimm eine kleine mittelständische Existenz. Da kommt ein Großer und macht Klatsch, und Du gehst zum Arbeitsamt. Oder hier in Bremen die Vulkanwerft: Da hängen Familien dran, Schicksale, überall! Das sind Wunden, das sind Schmerzen!
Das gibt es im privaten, persönlichen Bereich natürlich genauso. Ich kann mir vorstellen, daß ich da nicht so alleine bin. Jeder hat sein ganz spezielles, sein eigenes Schicksal, was sich wirklich überhaupt nicht vergleichen läßt, wo ganz viele persönliche Faktoren dazu kommen. Und trotzdem kann man sagen, es gibt eine Menge Leute, die ich so kenne, die ihre persönlichen Krisen haben und für die der Tango anziehend ist. Und dieser ganz berühmte Tango-Tänzer *Virulazo* hat mal in einem Interview gesagt: „Wenn sie die ersten Narben haben, dann wird der Tango anziehend für sie. Die ganz Jungen verstehen ihn noch nicht. Und das ist irgendwie ganz verständlich für mich; denn da sind sie voller Power und voller Tatendrang, obwohl auch immer mehr junge Menschen zum Tango kommen. Insofern mit diesem Stachel, um darauf zurückzukommen...

„Es gibt in Buenos Aires, in Argentinien, viele Leute, die sagen: Dieser Tanz wird erst attraktiv, wenn man die ersten Narben im Leben erfahren hat, erhalten hat, durchlebt hat. Es ist ein Tanz, in dem man Sehnsüchte ausdrücken kann, Schmerz ausdrücken kann, Trotz, Kampfeswillen, Überlebenswillen, viel Energie; das ist alles da drin.
Es ist eine hohe Sensibilität gefragt. Die kriegt man auch erst dann, wenn man auch mal an die Grenzen gekommen ist, Sehnsüchte hat, die nicht erfüllt worden sind. Dann hat man viel mehr Verständnis, was das Leben ist für andere Menschen, die auch mit unerfüllten Sehnsüchten leben. Man findet dann plötzlich ein Verständnis und fühlt sich sozusagen vom Tango verstanden und merkt, daß man den Tango versteht. " Michael

*Die Wunde und der Stachel: das sind zwei verschiedene Sachen. Also die Wunde ist eine Wunde, die jedoch heilen kann. Aber der Stachel ist ja etwas, was in der Wunde bleibt.*

Genau, das ist das Faszinierende daran. Man kann es natürlich auch kultivieren, als ganze Kultur und als ganzes Volk kann man seinen Schmerz kultivieren, und die Argentinier, denke ich, tun das zum Teil. Also jetzt muß ich sehr vorsichtig sein, weil ich doch – außer ein paar Eindrücken – zu wenig Ahnung habe. Darum möcht ich da sehr vorsichtig werden. Aber so ein Stück weit, wie ich die Argentinier kennengelernt habe, ist das auch dabei, wirklich dabei: sich im Schmerz wiederzufinden und ihn auch zu pflegen und zu kultivieren. Wie anders z.B. die Amerikaner, die Brasilianer usw.
Meine persönliche Geschichte ist so, daß ich gemerkt habe: Wenn ich meinen Schmerz spüren kann, dann geht es mir besser. Es geht mir einfach besser. Wenn ich weine und traurig bin, dann fühle ich mich mehr bei mir und authentischer, einfach authentischer oft, nicht grundsätzlich. Aber das ist etwas, was ich nicht missen möchte. Wenn man versucht, den Schmerz und die Trauer zu isolieren nach dem Motto: Die gehören nicht dazu, wie das in vielen westlichen Kulturen eine Ten-

denz ist, rächt sich das. Der Preis, den man dafür zahlen muß, ist: Flachheit, Oberflächlichkeit, mangelnde Tiefe, Verlust an Intensität.
Bei mir konkret kann ich sagen: Mich hält die Nähe zu meinem Schmerz, zu meiner Trauer und zu meinen Wunden lebendig und kann mich sogar glücklich machen. Der Tango hilft mir dabei!

*Ohne in die Gefahr zu fallen, sich darin zu suhlen?*

Nein, ganz und gar nicht. Ich behaupte, das geht gar nicht beim Tango-Tanzen. Der Tango läßt das nicht zu. Bei aller Wehmut, Nostalgie, die in ihm steckt, er ist gleichzeitig zu kraftvoll. Wer angefangen hat, seine Schmerzen zu tanzen, darüber zu singen und zu spielen, hat ihn in Kraft und Lebensenergie verwandelt. Vielleicht steckt da für mich persönlich zumindest doch eine bestimmte Philosophie dahinter, eine Philosophie, die der Tango hat: Du kannst tiefste Glücksgefühle haben, Du kannst Ekstase leben, aber den Schmerz, wenn es vorbei ist, den mußt Du akzeptieren. Jedes intensive Glücksgefühl hört irgendwann auf, und sei es spätestens mit dem Tod. Wer nicht bereit ist, loszulassen, Verluste, Schmerzen zu ertragen, wird sich entweder gar nicht so öffnen, sich nicht heranwagen, um die Enttäuschungen und Verletzungen nicht aushalten zu müssen. Oder er wird leicht verbittert, enttäuscht durchs Leben gehen oder mit Drogen aller Art versuchen, die Schmerze und Enttäuschungen nicht zu fühlen oder, oder...
Der Tango fordert von Dir, Dich ganz hinzugeben an Dich, an Deine Partnerin, an die Musik, dieses Glücksgefühl, diese Intensität, Erotik etc. für einen Tanz, für drei oder zehn Tänze zu genießen und es dann wieder loszulassen. Und Du kannst Dich ausdrücken in Deinem Schmerz, in Deinem Glück, Deiner Erotik, Deiner Kraft, Deinem Stolz, Deinem Bewegungsdrang, was immer es ist. Du findest es im Tango wieder und meistens auch eine Frau, eine Tanzpartnerin, die all das teilen kann mit Dir. Und jeder einzelne hat bei allen Gemeinsamkeiten seinen eigenen Zugang dazu. Tango ist ein Schmerz, den man tanzen kann, und der sich dadurch verwandelt in schöne Energie. Es ist absolut nicht der einzige Aspekt für mich im Tango. Aber komischerweise hat es so bei mir angefangen. Und er war der Ausdruck meines Schmerzes, meines Wundseins, ja, auch meiner tiefen

Sehnsucht. Wenn Du mal wund geworden bist, dann spürst Du manchmal auch einfach mehr. Wenn Dein Körper eine Wunde hat, dann spürst Du ihn mehr. Und Du spürst genau, wo Dein Finger ist, wenn er sticht. Dein Herz spürst Du sonst gar nicht, es sei denn, es sticht, es tut weh. Wann spürt man sein Herz schon? Und Spüren ist eben intensiv. Da kann man schon ganz glücklich sein, wenn man sich spürt. Das hat meines Erachtens nichts mit Masochismus zu tun, überhaupt nicht. Dafür wiederum ist dann der Tango auch zu kraftvoll, zu positiv in dieser Begegnung: die Erotik, die Spielereien, die Kommunikation. All diese Dinge stehen dann im Vordergrund. Aber ohne den Stachel – (Lachen) – wüßte ich jetzt zum Beispiel für mich persönlich nicht zu antworten, wie ich da wohl hingefunden hätte.

*Lassen wir ihn noch mal drin, den Stachel.*

Sagen wir mal so: Wenn ich wüßte, wie man ihn rausziehen kann, würde ich ihn rausziehen. Aber eigentlich kann ich mir kein intensives Leben ohne Stachel, ohne Wunden und Schmerzen vorstellen.

*Michael, ich danke Dir für das Gespräch!*

# Tango-Gedichte und -Bilder von Albrecht Walter

Milonga

Eng verschlungen oben
Eng verknotet unten
Fallen sie vertanzt
Zu Boden
Und hören noch in der Ferne
Das Lachen der Milonga

Gedichte und Texte sind unabhängig voneinander entstanden.

## Tangentialtango

Nähe
Sich nähern
Bewegung
Sich bewegen
Einen Schritt wagen
Eine Berührung wagen
Leicht ist es grob
Schwer ist es zart
Drauf los und
Halt!
Die Pause vor der Berührung
Ist am erotischsten

Leicht ist es nehmen
Schwer ist es nehmen lassen
Das Lassen ist der Höhepunkt
Wenn das Nehmen klar ist
Das Leben ist der Höhepunkt
Wenn der Tod klar ist
Sich nähern dem Tod
Sich bewegen zum Leben
Die Nähe stirbt
Wenn die Bewegung unklar ist

Tango ist ein heller Blitz
Im Dunkeln

„Straßentanz“

## Emigrantango

Rastlos
bewege ich mich fort
auf der Suche nach meiner Heimat
und doch ziellos,
denn sie ist nur ein Trugbild
meiner Nostalgie.

Heimatlos lebe ich in dem Land meiner Geburt,
heimatlos lebe ich auf Schritt und Tritt,
restlos entwurzelt,
seit der Durchtrennung meiner Nabelschnur.

An dieser Trennung knüpfe ich an
den roten Lebensfaden,
auf dem ich tanzend strauchle
über den Abgründen meiner Uferlosigkeit.
Ich ersehne festen Boden,
möchte ihn berühren,
doch entwischt er mir wieder und wieder
im Rücksog der Wellenbewegung.
Dort im glitzernden Überschlag der Welle
– an ihrer Synkope –
begann sie:
meine Auswanderung.
Das ahne ich
an den Wendepunkten meiner
Rastlosigkeit.

„Lunfardo“

## Vals

Einer Wiege gleich

Und drehen bis
Zurück dorthin
Wo ich lag
In ihr
– Wohl-lust ig –
Und nehmen mit
Dieses Wohlsein
In das Wiegen
In das Drehen
Aufeinander zu
Aufeinander los
Nur als Spiel
Wie am Anfang

Einer Wiege gleich.

## Milonga del Coltello

Messer blitzen
Messerscharf
Und dringen ein
In die Wut
In die Ohnmacht
In die Einsamkeit.
Der Stich zeigt
Deutlich
Die Verwundbarkeit
Des Lebens
Und im spiegelnden
Aufblitzen
Eines Sonnenstrahles
Auf des Messers Schneide
Zeigt sich
Die andere Seite der Krise.

„Urtango“

## Das alte Tangopaar

Seelennarben schon verheilter Wunden,
und doch noch sichtbar
in ihren Gebärden,
prägen die Schönheit und Wärme
ihres Lebens-Tanzes,
in ihrer Gelassenheit und Weisheit,
aus der tiefsten Spielkraft heraus,
gleich einem alten, unbändigen Flusse,
im Rhythmus der ewigen Neugeburt.

## La Luna

Die Nacht verdunkelt
meinen Sehsinn
und läßt mich allein
in meinem unsicheren Tasten nach Dir.
Nur aus der Berührung heraus
entsteht so die Bewegung,
die ihre Energie wechselt
zwischen Hingabe und Pulsierung,
zwischen Abnehmen und Zunehmen.
Im Bild sehe ich sie am Himmel:
die Erotik der liegenden Mondsichel
strahlt in die Nacht.

„intimo“

## Tango obsession

Ich
berauscht
von ihm, vom Tango
fühle
durch seine Pausen hindurch
die Kraft seiner
Ungereimtheiten,
die mich berühren,
in meinem Chaos,
in meiner Beziehungslosigkeit.
Er ist ein Gaukler,
der meine Sehnsucht kennt,
der weiß, wie sehr ich sie brauche:
Die Nähe in der Bewegung,
das Du zum Ich.
Und doch gleitet sie mir immer wieder
aus den Händen:
die Liebe.
Er ist eben nur ein Gaukler,
ein Zauberer,
dieser Tango,
der sich einen Spaß macht
mit mir,
mit uns,
der mich tanzen läßt,
der uns tanzen läßt, der mich besetzt,
der uns besetzt,
in seinem lachenden Schmerz.
Trotz alledem zeigt er uns:
Eine kleine zärtliche Andeutung des
Wir

„violentango“

## Sehnsucht

Zweisam
Und doch aneinander vorbei
Entzweit
Im Rhythmus der Sehnsucht
Nach sIch

Sozial
Und doch gegeneinander
Asozial
Im Rhythmus der Sehnsucht
Nach Freiheit

Vereint
Und doch nebeneinander
Vereinsamt
Im Rhythmus der Sehnsucht
Nach Liebe

„caminar"

## Soledad

Einsam

stehen sie sich gegenüber
und hören den Rhythmus,
der sie zusammenführt.
Sie übergehen ihre Schatten, die sie sich gegenseitig zuwarfen.
Sie halten sich, halten ein,
tauchen ein
in die Abgründe der Haltlosigkeit,
wollen sie durchbrechen, um den Schmerz zu lindern
und spüren
die Wärme
der Zweisamkeit
im Augenblick des Taktes,
im Augenblick des nahen Kontaktes,
bis beides verstummt
und sie sich gegenüberstehen
wieder

Einsam.

„Feuertanz“

## Feuertanz

Feuer
In sich verschlungen
Wirbelt
Aus der Tiefe der Glut
Hinauf in die lodernden Flammen
Die sich gegenseitig verführen
Und ihr Spiel treiben
Im Tanz ihrer Zünglein
Die sich strecken
Immer mehr in die Höhe
Schweifend und zitternd
Und erst dort zur Ruhe kommen
Wo es am heißesten ist
An der Spitze
Ihrer Sehnsucht
Wo sie sich in Rauch verwandeln
Und dorthin hinaufsteigen
Wo ihre Fünklein sich ordnen
In der Choreographie der
Sterne

„Tango del diablo“

„la ultima grela“

ALBRECHT WALTER

# DIE PROVOKATION DER SEHNSUCHT NACH FREIHEIT

## Versuch einer Annäherung an Astor Piazzolla und seinen „Tango Nuevo“

„Die Argentinier weinen gerne. Sie stellen sich dauernd ihren Tod vor – aber meine Musik spricht nicht die Sprache des Todes. Ich spreche die Sprache derer, die lebendig und jung sind und denen die Zukunft gehört... Meine Musik ist aufregend, aggressiv, neu und romantisch.“ Astor Piazzolla

Für Astor Piazzolla – am 11. März 1921 in Rio de la Plata geboren, am 4. Juli 1992 in Buenos Aires gestorben – war der Tango „der rote Faden“ seines musikalischen Lebens. Dabei war er nie ein Traditionalist, der wehmütig in die Vergangenheit zurückschaute, sondern ein Künstler, der sein Thema aufgreift und es mit seinem pulsierenden Blut durchdringt, um es aus seiner eigensten Individualität heraus ständig neu zu entwerfen.

Robert Shelton, ein Kritiker der „New York Times“ hat einmal folgendes über ihn geschrieben: „...das Wesentliche bei Piazzolla besteht darin, daß der Tango die Basis seiner Musik ist und daß die Musik darüber liegt. Sie gleicht keiner anderen, da sie voll und ganz Piazzolla ist.“ Er selbst hat diese Aussage mit für das Schönste betrachtet, was je über ihn gesagt worden ist.

Mit neun Jahren – inzwischen seit fünf Jahren mit seiner Familie in New York lebend – bekam er von seinem Vater ein Bandoneon geschenkt, das Instrument, welches bald zu seiner zweiten Seele werden sollte.

Während eines Konzertes am 6. September 1987 im Central Park in New York beschrieb er es selbst mit folgenden Worten: „Das Bandoneon wurde 1854 in Deutschland erfunden, um mit ihm religiöse Musik zu spielen, und einige Jahre später brachten sie es dann in die Bordelle von Buenos Aires... Dies ist – ich meine es nicht als Scherz – das wirkliche Leben dieses Instrumentes, ein sehr surrealistisches Leben.“
Und ziemlich genau 100 Jahre nach der Erfindung des Bandoneons kreierte er zusammen mit seinen Musikern mit dem „Tango Nuevo“ in Buenos Aires einen Musikstil, der das so extrem hin- und hergezogene Leben seines Grundinstrumentes, des Bandoneons, selbst zum Thema macht. Daß er sich zu diesem Zeitpunkt (um 1955) wieder ganz seinem Tango widmete, hatte er eigentlich Nadia Boulanger, einer Schülerin von Maurice Ravel, zu verdanken, bei der er 1954 Privatunterricht nahm, auf Grund eines Stipendiums, nachdem er 1952 in Frankreich den ersten Preis für Komposition erhalten hatte. Zu dieser Zeit hatte er sich bereits deutlich von dem traditionellen Tango abgewandt, zu dem er seit seiner Kindheit eine etwas zwiespältige Beziehung hatte – schon als Kind rebellierte er gegen die „Chan-Chan“-Tangos, die seine Eltern in ihrem wehmütigen Heimweh wieder und wieder hörten.

Nach seiner Rückkehr nach Argentinien begann er zwar 1937 in Buenos Aires seine Karriere als Bandoneonist im Tango-Orchester von Anibal Troilo und gründete 1946 sein erstes eigenes Tango-Ensemble, aber bereits 1939 begann er parallel dazu einen sechsjährigen Kompositionsunterricht bei dem argentinischen Komponisten Alberto Ginestra und schrieb Orchester- und Kammermusik. Er studierte intensiv die klassische Musik, wobei ihn besonders Komponisten wie Bach, Strawinski und Bartok ansprachen. Nadia Boulanger hörte sich seine mehr klassischen Werke wie unter anderem Symphonien und Rhapsodien an, stellte dann aber für Astor Piazzolla sehr ernüchternd fest: „Das ist sehr gut geschrieben, aber wo ist da Piazzolla?" Den könne sie nur hören, wenn er seinem Bandoneon die Tangoseele entlocke. So ermutigte sie ihn, bei seinen Wurzeln zu bleiben.

**„Der Tango hat Erdgeschmack; er ist etwas ,was an der Erde klebt ... Wenn Du mehr am Boden festklebst, bist du besser verwurzelt."**

**Juan Carlos Copes**

„Die Wurzeln des Tangos als sein Wesen liegen in vulkanischen Böden, rot-schwarz gebrannt, gezeichnet durch tiefe Risse aufgebrochener Wunden, aus denen schwefelige Dämpfe hochsteigen, die immer von der Gefahr neuer Ausbrüche künden."
Aus diesen Böden zog er seine Leidensfähigkeit und seine trotzige Kraft. Und wenn Astor Piazzolla dieses Leiden und dieses Brodeln aufgegriffen hat, um es durch die aus- und einatmende Lunge seines Bandoneons in seine Form zu bringen, dann hat er auf der Ebene der Musik wirklich etwas ganz neues geschaffen, etwas ganz eigenes: den „Tango Nuevo".
„Der Tango von Piazzolla ist nicht nur ein einfacher Tanz oder ein Lied, der Ursprung dieser Art von Musik ist das reine Leben." (Der griechische Dirigent Manos Hadjidakis. Mit ihm und dem Athens Colours Orchestra hatte er am 3. Juli 1990 sein letztes Konzert in Athen. Außerdem wollte Astor Piazzolla mit ihm die Oper „Gardel" schaffen, einen Plan, den sie dann leider nie mehr realisieren konnten.)

Alles, was wirklich unmittelbar nur aus dem Eigenen kommt – im völligen Vertrauen auf den individuellen kreativen Kern – ist eine Provokation für diejenigen Menschen, die dieses Vertrauen nicht haben und sich deshalb mehr an der Tradition festhalten. So mußte Astor Piazzolla zu Beginn seiner neuen Karriere seines „neuen Tangos" eine große Einsamkeit aushalten, im Nichtverständnis der meisten anderen Tangomusiker, sogar seines hochgeachteten Lehrers Anibal Troilo und des größten Teils des Tangopublikums. Diese Einsamkeit, gepaart mit seinem unbeugsamen Willen, seinem künstlerischen Trotz, prägt seine Musik, die ihre Kraft in ihrer rückhaltlosen Suche nach der Wahrheit hat. Sein Sohn Daniel äußerte sich in einem Interview wenige Monate vor dem Tod seines Vaters folgendermaßen: „Sie (die Musik) ist seine Sprache, seine einzige, seit er geboren wurde... Seine Familie, seine Kinder, alles bei ihm ging in die Musik. Ich glaube, wenn man wie ein Goldgräber in seinen Stücken suchte, würde man jede seiner Leidenschaften, seiner Lieben ausgraben können. Er war Musik von Kopf bis Fuß."

Aus dem Rhythmus des Tango heraus, geprägt vor allem von der Musik eines *Anibal Troilo* und eines Osvaldo

Pugliese experimentierte er auch mit sehr vielen anderen Stilrichtungen der zeitgenössischen Musik. Durch die Beteiligung an Jazzfestivals war er in diesen Kreisen bald sehr bekannt. Mit Musikern wie Gerry Burten, Gerry Mulligan oder Gustavo Beytelman spielte er zusammen, andere wie Pat Matheny, Keith Jarrett oder Chick Corea brachten ihm große Anerkennung entgegen und beauftragten ihn mit Stücken.

Astor Piazzolla soll im Laufe seines Lebens einige hundert Werke geschrieben haben, unter anderem auch Konzerte für Orchester und Film- und Theatermusiken. Viele seiner Kompositionen hat er für einzelne Konzerte immer wieder neu arrangiert. Am bekanntesten sind: „Oblivion", „Verano porteño", „Libertango", „Buenos Aires hora zero", die Filmmusik zu „Sur", „Soledad" und „Adios Nonino". Das letztere (übersetzt: „Tschüß Väterchen") ist wohl das bekannteste, welches er kurz nach dem Tod seines Vaters geschrieben und für die verschiedensten Konzerte immer wieder neu bearbeitet hat. Seine Auftritte lebten sehr von seinen unmittelbaren Improvisationsfähigkeiten und auch denen seiner Musiker, die er zu den verschiedensten Anlässen um sich scharte. Zu seinen treuesten Begleitern zählten wohl: „Pablo Ziegler (Flügel), Fernando Suarez Paz (Violine), Hector Console (Kontrabaß) und Horacio Malvicino (Gitarre), in den früheren Jahren Oscar Lopez Ruiz (Gitarre), der Stamm seines legendären „Quinteto Tango Nuevo".

Ende der 70er, Anfang der 80er Jahre genoß er schon hohes Ansehen auf internationaler Ebene. 1985 wurde Astor Piazzolla sogar zum „Ehrenbürger der Stadt Buenos Aires" ernannt, aber so recht überzeugen konnte er die meisten seiner Landsleute immer noch nicht, wohl auch, weil der größte Teil seiner Musik mehr hörbar als tanzbar und nicht so leicht zugänglich ist wie andere Tangos.

Vielleicht auf dem Höhepunkt seiner mühevoll errungenen Karriere riß ihn am 4. August 1990 in Paris ein Gehirnschlag jäh aus seiner musikalischen Arbeit heraus, die er bis zu seinem Tod nie wieder wirklich aufnehmen konnte.

Der „Tango Nuevo" ist keine nostalgische Musik (also mehr bezogen auf die Vergangenheit), wie es oftmals der traditionelle Tango ist, sondern er drückt sich aus in der Leidenschaft der unbeirrbaren künstlerischen Suche nach der Form der Schönheit in der Freiheit, die nur in die Zukunft gerichtet sein kann. Dieser „Neue Tango" spielt die Musik der Großstädte und ist dabei bestimmt nicht fixiert auf seinen Ursprungsort Buenos Aires. Er ist vielmehr die Musik aller Weltstädte. So spielt er hin-

Mechanik eines Bandoneons

gebungsvoll auf ihren „Saiten", den bis zum Zerreißen angespannten Nervensträngen der Schmelztiegel aller weltlichen Kulturen. Die atemlose Schnelligkeit, die sprengstoffgeladene Unruhe, der tosende Lärm, aber auch die schmerzhafte Verstrickung in die Einsamkeit der Menge mit ihren bohrenden Sehnsüchten, der „Melancholie der Vorstädte", all dieses durchtanzt dieser „Neue Tango", ohne sich aber jemals im Chaos zu verlieren. Das ist nun gerade die Genialität Astor Piazzollas – keine geschenkte, sondern eine erarbeitete –, im direkten musikalischen Durchgang durch diese „Vulkanebenen" des heutigen städtischen Lebens mit all seinen Gefühlsausbrüchen trotzdem den „Punkt" zu finden, auf dem „die Form" Halt hat. Er durchforschte in seinen Klangbildern die existenziellsten Gefühle der Menschen in ihrer äußersten Polarität zwischen der kältesten, mafiosen Skrupellosigkeit und Machtbesessenheit und der Sehnsucht nach Wärme in allen Möglichkeiten der Liebe. Diese Hochspannung ist seine Harmonie, hin- und herwiegend auch zwischen den zwei Pendelrichtungen unserer menschlichen Existenz: dem Hineingeworfensein in das ungeordnete Nebeneinander, welches unsere Sinne wahrnehmen und der ordnend, kreativen Kraft, die allein in der künstlerischen Tat des Denkens aufblitzen kann.

Und die Ruhe für diese Tat, die Pause innerhalb der ständigen Unrast unserer Augenblicklichkeiten, können wir in der heutigen Zeit immer mehr nur dort finden, wo wir sie eigentlich nie suchen würden: mitten im Chaos selbst.

Das Bandoneon Astor Piazzollas stellt sich diesem Kampf, dieser Aus-ein-ander-setzung, zerreißt fast in dieser Spannung, um danach wieder ruhigst einzuatmen, seinen Rhythmus zu finden, den Rhythmus der über den Tod hinaus dehnbaren Seelenlunge seines Bandoneons.

„Bewegt euch, damit ihr langsam sein könnt", dieser Satz von Peter Handke ist geradezu maßgeschneidert auf den Tango, der in der ständigen Paradoxie lebt, seine Leichtigkeit in der Schwere zu finden. Sein unterer Kraftquell liegt in der unmittelbarsten Erdberührung – wie das Tangopaar sich in den Boden hineintanzt, sich ganz der Schwere der Materie hingibt, weil es größtes Vertrauen hat in die Aufrichtebewegung ihres Stolzes, ihrer geistigen Ich-Kräfte, dem oberen Kraftquell des Tangos. Diese Kräfte, welche bereits keimhaft im „alten" Tango angelegt sind, hat Astor Piazzolla im „neuen" Tango zum Sprießen gebracht. Das ist sein großer Verdienst für den Welttango, der sich so gänzlich unabhängig gemacht hat, sich abgenabelt hat von seiner argentinischen Mutter, ohne aber auch nur irgendetwas von ihrem Wesen verloren zu haben.

So stelle ich mich ganz eindeutig gegen die Meinung vieler Menschen: Astor Piazzolla hätte den Tango intellektualisiert. Dies ist gar nicht möglich, denn: Wahre und echte Musik kann nicht intellektuell sein, sie schwingt immer im vollen Rhythmus des Herzens. Und alle Menschen, die ihn gehört und gesehen haben – auch seine schärfsten Kritiker – werden im Innersten nie bezweifeln können, daß diese Musik wahr ist.

Astor Piazzolla hat uns mit seiner Lebensarbeit eine Musik geschenkt, die uns immer wieder neu provozieren wird in ihrer pulsierenden Sehnsucht nach Freiheit.

„Lo que vendra" – „Soledad"/"Hora Zero" – „Libertango"*

* („Alles, was kommt") – „Einsamkeit"/"Stunde Null" – „Freitango")

# Gespräch mit Marie-Paule Renaud

## im Tango-Gotan in Hamburg am 28. Januar 1997

Marie-Paule gehört mit zu den ersten, die den Tango in Europa in den 80er Jahren wieder aufgegriffen und gefördert hat. Sie betreibt in Hamburg das „Tango Gotan" und beschäftigt sich als Tanztherapeutin mit der Psychologie des Tango. Vielleicht hat sie als ein Mensch, der aus dem französischen Sprach- und Kulturraum stammt, noch eine ganz andere Möglichkeit, Tango zu reflektieren. Jedenfalls fiel mir auf, daß Marie-Paule im Konzert der Tango-Begeisterten wiederum eine ganz eigene, nicht von jedem geteilte Position einnimmt.

Das Gespräch führte Rainer Rappmann und Albrecht Walter.

*Also Du bist ja jemand, der passioniert beschäftigt ist mit dem Tango.*

Ja, das ist eine Leidenschaft.

*Und nicht nur eine Leidenschaft, der man am Feierabend frönt, ...*

Tagtäglich.

*... sondern auch eine, die Du zu Deinem Beruf gemacht hast, zu Deiner Berufung.*

Zu meiner Berufung in verschiedenen Facetten: z.B. auch die mehr geistigen Facetten im Zusammenhang mit meinem Uni-Projekt über die Semiologie des Tango.

*Es gibt in der Tango-Szene ein Phänomen – soweit ich das bisher gesehen habe –, nämlich daß viele Leute den Tango tanzen, aber sehr wenige sich geistig-kulturell damit auseinandersetzen bzw. diese Auseinandersetzung sogar ablehnen und für schädlich halten. Ist denn der Tango etwas, was man einfach tut, womit man sich aber nicht so sehr beschäftigt?*

Das weiß ich nicht. Vielleicht trifft es für das Gros der Menschen hier in Deutschland oder in Europa zu. Ein Grund könnte sein, daß die Sprache ein sehr wesentlicher Aspekt im Tango ist.

*Weil man sie nicht versteht?*

Genau. Fast alle Lieder, die man hören kann, sind auf Spanisch. Wenn Du kein Spanisch kannst – und es ist nicht mal nur in Spanisch, sondern in Lunfardo (Rotwelsch) –, kannst Du das nicht verstehen.

*Kannst Du das verstehen, das Lunfardo?*

Ja, zum großen Teil ja.

*Ja gut, aber mal abgesehen von der gesprochenen Äußerung: Der Tango ist ja doch in erster Linie ein Tanz, und zwar ein Paartanz. Gehört es zu seinem Wesen, daß man den Kopf sozusagen ausschaltet und aus einer anderen Quelle schöpft?*

Was mir auffiel: Wenn Du Künstler interviewst – und ein Interview wird mit der Sprache vollzogen –, dann können viele Künstler damit oft nicht umgehen; sie sind überfragt. Sie haben ihre Kunst und sind genial in ihrer Kunst, aber wenn es darum geht, metasprachlich über ihre eigene Kunst zu reflektieren, können sie das nicht, es sei denn, es handelt sich um Schriftsteller. Schriftsteller sind der Sprache mächtig, und dann ist es deren Handwerkszeug. Aber oft passiert es mir mit Musikern oder mit Malern, daß sie nicht in der Lage sind, wirklich zu reflektieren über ihre künstlerische Tätigkeit! Normale Menschen hier in Deutschland, die normal tanzen, die das nicht künstlerisch betätigen, sondern aus Spaß, suchen oft einfach nur einen Genuß im Tun.

*Und ist dieser Genuß im Tun ein wesentlicher Aspekt des Tangos?*

Auf jeden Fall.

*Erzähl uns etwas darüber, weil das erstmal sehr platt klingt. Worin besteht der Genuß im Tango?*

Tango ist ein Tanz, in den man sehr, sehr tief versinkt. Man kann nicht Tango en passant tanzen; man kann nicht Tango tanzen und reden. Es ist eigentlich eine tiefe Symbiose zwischen der Musik, mir als Führende oder Geführte – je nachdem, welche Rolle ich übernehme – und der anderen Person. Indem ich mich vertiefe und

„Hingabe hat sehr viel mit religiösen Qualitäten zu tun. Ich würde nicht sagen, daß der Tango religiös ist. Aber ich würde sagen, die Tiefe der Konzentration hat für mich etwas – sei es, ich führe, sei es, ich werde geführt –, was sehr in die Meditation geht. Es ist zwar eine bewegende Meditation, aber der Geist ist in einem Zustand, der sehr – ja – meditativ ist. Es hat schon etwas Metaphysisches für mich, die Art und Weise des Zustands, in die man gerät, wenn man Tango tanzt. Es wird immer wieder gesagt: Ach, die Leute sind süchtig! Ja, das ist vielleicht ein kleiner Scherz, und trotzdem: Der Zustand ist so schön, daß ihn immer wieder viele Tänzer erreichen wollen." Marie-Paule

der Musik hingebe als Führende und indem ich meine Partnerin dazu noch führe, muß ich eine Art Symbiose herstellen, die mir nicht erlaubt, andere Dinge zu tun. Das heißt, schon allein als Tätigkeit, allein als Aktion ist das Tango-Tanzen ein tief, meditativer Vorgang. „Meditativ" heißt, daß ich mich nur mit einer Sache befasse, und meine ganze Aufmerksamkeit nur dieser Sache widme.

*Sich in sie hineinversenken.*

Hineinversenken. Dieser Genuß – da kann man schon sagen „Genuß", weil man wird richtig davon eingenommen, man kann sich dem nicht entziehen, diesem tiefen Gefühl, das man dann bekommt –, ist eine Verflechtung mit der anderen Person, der Musik und dem, was mit mir vorgeht.

*Also an dieser Stelle würde ich gerne auch mal eine kritische oder provokative Frage stellen zum Tango: Besteht nicht die Gefahr darin, daß man sich sozusagen einen persönlichen Genuß abholt, der nur egoistisch konsumiert wird? Danach geht man wieder raus in die „schlimme Welt" und lebt und arbeitet da so weiter, ob die Welt vor die Hunde geht oder nicht.*

Provokativ finde ich das gar nicht. Ich finde diese Frage ganz berechtigt. Und leider ist das bei vielen so.

*Oder hat der Tango auch eine Facette des Transzendierens? Kann ich mir möglicherweise im Tango etwas holen, womit ich dann auch wieder ganz anders in die Welt trete?*

Das kann natürlich sein, daß ich mir wirklich etwas holen kann, was mich wieder für meinen Alltag regeneriert.

*Aber im Sinne von Reparatur?*

Im Sinne von einerseits Reparatur, andererseits im Sinne von: sich ernähren, neu kreativ sein, glücklich sein.

*Du sagtest gerade „leider", in Bezug auf diesen negativen Aspekt.*

„Leider", weil ich denke, bei vielen ist es so. Ich würde sogar weiter gehen: Das, was ich gerade über das Meditative erzählt habe, ist eigentlich etwas ganz Wunderschönes. Aber gleichzeitig sehe ich, daß der Tango oft etwas sehr Ästhetisches hat, was ich eigentlich auch sehr liebe. In seinem Konzept des Schrittemachens ist er sehr ästhetisch. Es besteht die Gefahr bei vielen Leuten, daß sie eingefangen werden von diesem extrem Ästhetischen, daß sie das beherrschen, und dann gibt es keine Kommunikation mehr mit der zweiten Person und mit der Musik, sondern man schafft sich seine Bühne, um für seine narzißtischen Züge Publikum zu bekommen. D. h., im Tango hat man auch solche Leute, die einfach die Frau als „Säule" benutzen; denn für

**Die Frau ist nicht mehr diese Frau, mit der ich gerade tanze. Sie wird zu einer Art Objekt, das man benutzt.**

ihre komplizierten Schritte müssen sie eine zweite Person haben, um sich zu zeigen. Das ist für mich die „Säulenfunktion". Die Frau ist nicht mehr diese Frau, mit der ich gerade tanze; es ist egal, sie ist austauschbar. Sie wird zu einer Art Objekt, das man benutzt, um seine narzißtischen Bedürfnisse zu befriedigen. Das ist wirklich schade, aber das gibt es.

*Ist das hier so, oder gibt es das auch in Argentinien? Oder ist es hier extremer?*

Das gibt es überall, in Argentinien allemal auch, allemal!

*Ist das denn die Wurzel des Tangos?*

Die ursprüngliche Wurzel des Tangos ist das nicht. Ich denke, der Ursprung ist wirklich das Bedürfnis nach einer Kommunikation, die ausgedrückt wird durch ein Entwerfen von Schritten, von Figuren, die wie Geometrien sind. Es ist das geistige Spiel von zwei Menschen, die miteinander kommunizieren. Und diese Fußarbeit ist so fein, so schön, ist nicht plötzlich „zack" (Marie-Paule schnalzt mit dem Finger) dagewesen. Das ist ein Entwurf von Jahrzehnten, wo viele Männer – bestimmt auch ein paar Frauen, aber ursprünglich ist es eher ein Männertanz gewesen –, eine kollektive Produktion betrieben haben. Der Tango ist für mich eine kollektive Produktion; das war nicht ein Mann, der das entworfen hat. Sondern es war eine ständige Wechselwirkung und eine Interaktion von verschiedenen Männern, die sich Gedanken gemacht haben über die Tangomusik und deren Interpretation durch das Spiel mit den Beinen. Das hat diese ungemein ästhetische Seite, die immer mehr danach fragt: Was kann man auf der Ebene des Tänzerischen äußern mit einer bestimmten Art von Musik, die auch in einer bestimmten Zeit entsteht? Und für mich gibt es ganz starke Parallelitäten zwischen dem, was im Tanz und dem, was in der Musik entsteht.

Der Tango ist eine absolut typische Orchestermusik, der von sechs oder von fünf oder auch sogar in den 40er Jahren mit den „orchestas tipicas" von mehr Musikern gespielt wird. Da sind musikalische Dinge entstanden, die durchaus nicht nur von einem Menschen bestimmt worden sind, sondern aus einem geistigen Spiel von mehreren Musikern hervorgegangen sind. Zumindest berichtet das Mingo Pugliese und auch andere Maestros der alten Generation.

*Du sprichst jetzt von den Männern oder von der Männerrolle im Tango. Wieso bezeichnet man oder bringt man den Tango denn in Verbindung mit dem Begriff der Emanzipation?*

Ich weiß nicht, wer das in Zusammenhang bringt mit der Emanzipation. Wenn ich erst mal den Tango bis in eine bestimmte Zeit hinein betrachte, dann sehe ich darin überhaupt keine Emanzipation. Natürlich, wenn man ein Interview mit dem tanzenden Künstler oder mit der Tänzerin macht, die sagen immer: Ach nein, fifty-fifty unsere Rolle. Es ist überhaupt nicht Macho. Meine Frau kann soviel sagen, wie sie möchte und so weiter.

*Es hört bloß niemand zu.*

Ja. Und da sie sowieso sehr hörig ist, sagt sie: Ja ja, das stimmt! Ich kann soviel sagen, wie ich möchte. Da bin ich wirklich skeptisch. Ich arbeite zu lange mit dem Tango, zu lange und zu viel.
Für mich wäre Emanzipation im Tango allerdings dann verwirklicht, wenn beide Rollen wirklich von beiden beherrscht werden und beide führen können. In meiner Schule dürfen alle Leute oder müssen alle Leute beide Rollen lernen und immer wieder entwerfen: sich Führenlassen, sich Einlassen und Führen lernen. Und das, denke ich, ist sehr wichtig, wenn man von Emanzipation redet. Sonst ist Tango zwar für mich sehr kreativ und sinnlich, aber nicht unbedingt emanzipatorisch.

*Der weitere Aspekt, den ich Dich natürlich gerne als Frau auch fragen möchte – wie es hier so schön heißt*

„Geführt-Werden ist ein wunder-, wunderschöner Zustand, würde ich sagen, wenn man ihn versteht. Geführt-Werden ist durchaus eine sehr aktive Rolle. Was heißt 'aktiv'? 'Aktiv' heißt, daß ich mitgehe im Geist, daß ich etwas akzeptiere und darauf reagiere. Aber ich reagiere, weil ich es will. Es hat mit Hingabe ganz und gar zu tun. Ich glaube, das ist in unserer Gesellschaft heutzutage ein Teil, der uns ein wenig fehlt im Verhältnis zu früher. Zwar hatte das seine Nachteile; denn früher haben sich die Frauen viel mehr geopfert und die Männer groß werden lassen."
Marie-Paule

Marie-Paule

*in unserem Prospekt: „Die geheime Regie der Frau unter der Dominanz des Mannes". Was hast Du denn als Frau im Tango an Möglichkeiten der Regie?*

Viele, doch, die hat man schon. Ich habe ja gesagt: Die Rolle der Frau ist das Sich-Einlassen. Es gibt aber verschiedene Formen des Sich-Einlassens. Klar, man kann sich stupide – Entschuldigung – einlassen im Sinne von: Man spürt den Impuls, man macht es und Punkt fertig. Oder man spürt den Impuls, und man führt ihn aus mit dem anderen, und zwar: Wie gestalte ich die Rhythmik, wie gestalte ich meine eigenen Figuren? Wie spiele ich und was für Botschaften gebe ich dem anderen? Ich kann in einem Zustand sein von Ernsthaftigkeit und Ruhe, und dann werde ich ganz anders tanzen, als wenn ich keck bin.

*Aber Du führst ja nicht als Frau. Wie machst Du das denn?*

Ich gebe Dir ein Beispiel. Ich unterrichte Tango, und ich sage zum Beispiel: Du kannst durchaus, indem Du in bestimmten Momenten, wo Du geführst wirst, dem anderen mehr Druck gibst, bestimmte Sachen äußern und mitgeben. Wenn er fähig und sensibel ist, wird er zuhören und das wieder aufnehmen. Wenn er stur ist, wird er das nicht aufnehmen. Dann – in der Tat – führt er nur. Ich kann boykottieren, aber dann hat es fast keinen Sinn zu tanzen. Aber es gibt genug Paare, wo sich beide Partner auf irgendeine Weise gegenseitig boykottieren. Dann kommt kein Tanz zustande, nicht mal zwei Minuten. Dann kann er es gleich lassen. Und „die geheime Führung", ich denke, sie läuft wirklich nur begrenzt; aber sie läuft, und zwar in dem Maß, wo Du dekorierst, wo Du Dich leicht oder träge machst bzw. die dynamischen Momente mitgestaltest, die Fußspiele auskostest, wenn es die Musik erlaubt.

*Bist Du die Dekoration des Mannes?*

Das ist die Gefahr und der Negativaspekt, je nach Tänzer. Leider gibt es reichlich viele davon.

*Und wie ist es, wenn es gut läuft, was ist dann die Dekoration?*

Dann ist es eine wahnsinnige Dynamik in der Art, den Tanz auszuführen, so daß es ein Spiel ist. Du kannst sagen: Ja, die tanzen ganz gut. Aber Du wirst überhaupt nicht davon berührt. Und Du siehst ein anderes Paar: Da ist dermaßen Charisma drin (schnippt mit den Fingern) zwischen den beiden und der Musik. Die leben etwas aus. Und das ist der Teil, worüber ich sprach, nämlich daß die Frau sich nicht nur einläßt, sondern sie gibt noch mehr in diesen Tanz. Aber das ist schwer zu erklären, denn es ist immer die gleiche Ausführung; man hat die gleichen Figuren, zum Beispiel. Einmal ist sie tot, einmal ist sie spritzig, einmal ist sie sinnlich beseelt.

*Durchlebt.*

Durchlebt durch ein Gefühl, durchseelt mit einem Gefühl. Wieviele Männer und Frauen tanzen ohne Gefühl! Es sind Figuren, die nacheinander abgehackt werden; aber es berührt mich nicht.

*Und wenn der Tango durchseelt getanzt wird, dann springt auch der Funke über?*

Ja. Diesen Funken, den kannst Du nicht kommandieren. Er ist da, oder er ist nicht da.

*Du kannst Dich nicht bereithalten dafür?*

Du kannst nicht kommandieren, daß da zwischen zwei Leuten ein Funke überspringt. So meine ich das.

*Das ist wie in der Liebe.*

*AW: Wie ist denn das bei Dir, wenn das in einem Tanz nicht stimmt? Brichst Du dann ab?*

Ich würde nicht die Gemeinheit haben, das zu machen. Ich versuche, so schnell wie möglich mich wieder zu verabschieden und sage: Vielen Dank! Ich finde, es ist nicht nötig, den anderen noch zu beleidigen. Er kann eventuell nicht mal etwas dafür.

*Aber was Du gerade gesagt hast, darin liegt das Wesentliche im Tango für Dich.*

Das ist für mich seine Seele: ein Tanz, der beseelt wird oder nicht, ja.

*Und war das schon immer so, oder gibt es da auch eine Entwicklung, wo an der Sensibilität gearbeitet wird?*

Je länger Du an einem Tanz arbeitest, um so größer und feiner wird Deine Sensibilität. Aber ich habe sofort am Anfang, obwohl ich noch nicht so eine gute Tänzerin war, gemerkt, ob jemand wirklich die Seele drin hat oder nicht. Die ganzen berühmten Leute, die ich interviewt habe, die kannte ich erstmal nicht. Die habe ich auf einer Bühne gesehen in Paris. Ich konnte sagen: Nein, das ist steril, das ist zwar hervorragend gut gemacht, so ist es nicht. Aber das ist tot oder das spricht mich nicht an. Und später erfahre ich: Diese und jene Leute können sich nicht leiden. Die arbeiten seit 20 Jahren miteinander, und sind leider aufeinander angewiesen, weil es das Paar XY ist. Und wenn das Paar XY als Produkt gefragt ist, dann kann weder der Mann wechseln, noch die Frau. Denn sie sind null, käuflich gesehen null, wenn sie wechseln. Also bleiben sie zusammen. Und das spürst Du, auch wenn Du Laie bist.

*Weil Du gerade auf die Paarbeziehungen ansprichst: Was hat denn der Tango für eine Wirkung auf eine Beziehung?*

Auf eine Beziehung?

*Fördert, befördert er die Beziehung? Behindert er die Beziehung? Stellt er eine Gefahr dar für die Beziehung?*

**Was ich sehe, ist, daß der Tango immer wieder die Leute genau auf den Punkt bringt, wo sie sind.**

Also, ich rede jetzt als Lehrerin, die viel unterrichtet und herumkommt, über das Publikum, das ich habe. Was ich sehe, ist, daß der Tango immer wieder die Leute genau auf den Punkt bringt, wo sie sind. Das heißt, wenn es kriselt in ihrem Alltag, und sie kannten den Tango noch nicht, dann wird der Tanz sie genau dahin bringen, wo sie sind: nämlich in die Krise. Wenn sie frisch verliebt sind und sich mögen und von Beziehungsmuster und -struktur her eigentlich keine großen Krisen da sind, kann der Tango unwahrscheinlich anspornen und Freude machen und viel, viel Spaß geben und das Paar sich noch näherbringen.
Und es gibt auch andere Paare, die kommen und sagen: Wir haben nie Zeit miteinander, füreinander; wir wollen mindestens den Tango dazu benutzen, um Zeit miteinander zu verbringen. Es ist da nicht so, daß die Beziehung kaputt und schlecht ist, sondern einfach, daß sie sehr stark beschäftigt sind. Und wenn da eine Bereitschaft von beiden Seiten vorhanden ist und sie Lust haben, auch wenn sie nicht frisch verliebt sind, dann gibt es eine gute Voraussetzung. Dann haben sie die Möglichkeit, wieder das miteinander zu leben, was sie sonst kaum leben können. Der Tango bringt auf den Punkt.

„Der Tango erlaubt tiefe Erfahrungen, tiefe Erlebnisse von Glückseligkeit. Ich glaube, wenn wir als Kinder Erlebnisse von Nähe bekommen haben – denn im Tango ist man eigentlich körperlich sehr nahe beieinander –, und ich glaube, daß da in uns eine Berührtheit ausgelöst wird, die darauf beruht, daß wir als ganz kleine Kinder – wir konnten nicht reden – diese Erlebnisse hatten: Wir haben uns nur über unsere Nähe, unsere Haut ausgetauscht, beziehungsweise auch durch Schreien oder Weinen oder Lachen. Aber eigentlich ist das alles die nonverbale Ebene, und im Tango ist alles nonverbal. Dadurch werden wieder ganz alte Schichten von uns angesprochen werden, die man in einer normalen Therapie nicht ansprechen kann und die nicht über Worte gehen, sondern eigentlich nur über Leben oder Erleben. Vielleicht verstehst Du Deine Sache einigermaßen, oder wenn jemand auf der Suche ist, sich Fragen stellt zum Sinn des Lebens, zu seinem Leben, zu seiner Struktur, zu seinem Muster."

Marie-Paule

Vor 13 Jahren habe ich ein Konzept entwickelt, bei dem ich den Tango benutze, um die Beziehungsmuster der jeweiligen Leute durch Selbsterfahrung prägnant und bewußt zu machen. Im Tango hast Du drei Aspekte, die sehr wichtig sind, was Beziehung angeht: Du hast eine Beziehung zu Dir selbst, da geht es um Selbstzentrierung (oder Du hast sie nicht; dann ist der Kontakt tot), Du hast die Beziehung zum Anderen und Du hast eine Beziehung zur Musik und zur Zeit, zu Raum und Zeit, wobei die Musik sich in Raum und Zeit widerspiegelt. Gut, und ich mache in meiner Therapiearbeit ganz viele und sehr schöne, meditative Übungen mit den Leuten, viele kreative Übungen, auch lustige Übungen, schöne kleine Beziehungsübungen. Da kommen ziemlich schnell die wesentlichen Lebensthemen an die Oberfläche. Das bekomme ich nicht nur einmal gesagt. Ich habe bestimmt 100 Briefe gesammelt von Leuten, die bei mir Therapie gemacht haben. Die reflektieren dann rückblickend über ihr Erlebnis in der therapeutischen Arbeit mit dem Tango. Und immer wieder kommt die Feststellung: Das hat getroffen. Innerhalb von wenigen Minuten war ich an meinem Lebensthema. Das ist ungeheuerlich interessant und verblüffend.

*Ich gehe mal davon aus, daß die Leute nicht nur unter sich als Paar tanzen, sondern sicher auch wechseln. Der Tango wird ja sehr nah getanzt. Ist er diesbezüglich beziehungsgefährdend?*

Entweder ist jemand dafür disponiert, prädisponiert, anderswo hinzuschauen oder nicht. Wenn ich jemanden liebe, dann kann ich so eng sein mit einem anderen Mann, wie ich will. Ich werde für diese drei Minuten eng sein, und es wird auch eine schöne Begegnung sein; aber deshalb werde ich nicht plötzlich den Mann, den ich liebe, verlassen, eben wenn die Beziehung wirklich eine Beziehung ist, d.h. eine tiefgreifende Geschichte. Wenn die Beziehung sowieso reichlich frustrierend und kaputt ist, dann werde ich mir wahrscheinlich etwas anderes suchen. Ich denke, da kann der Tango auch benutzt werden.
In Buenos Aires hat mir eine Lehrerin erzählt: „Ja, die Argentinier versuchen im Tangotanzen sich die ganzen 'Abstreichelungen', die sie sonst nicht bekommen, zu holen."

*Könnte es sein, daß der Tango für manche Leuten so eine Art Ersatzbeziehungsbefriedigung ist? und zwar dadurch, daß heutzutage ganz viele Beziehungen auseinandergehen oder Beziehungen sowieso immer schwieriger werden, und daß dann der Tango dazu benutzt wird, sich seine Streicheleinheiten, also ein bißchen Wärme ...*

Ja, es ist genau das, daß man sich da etwas abholt, was man sonst anderswo nie bekommen würde.

Hugo Diaz

*Da wird also der Tango praktisch benutzt.*

... benutzt und die andere Person auch. Das kann man nie verhindern, glaube ich, schon deshalb nicht, weil der Tango nicht nur zärtlich, sondern auch eng getanzt werden kann.

*Also wenn Du vorhin sagtest, der Tango bringt die Menschen auf den Punkt, auf ihren Punkt, dann ist er ja auch etwas – muß er ja sein –, was eben auch mit unserer Zeit zu tun hat.*

Wie meinst Du das?

*Vielleicht fange ich andersherum an: Was ist das für eine Zeit – Deiner Meinung nach – für die Menschen heute? Was bedeutet dieses Ende des 20. Jahrhunderts? In welcher Zeit leben wir?*

Wir leben in einer Gesellschaft hier in Europa, die schnell ist, die schnell alles erledigen muß, was zu erledigen ist und die extrem stark konsumorientiert ist. Das heißt, der Konsum steht an allererster Stelle bei vielen Menschen ...

*Das tut er ja auch vom System her...*

Ja, vom System her. Ich rede vom Kapitalismus. Wir leben in einer kapitalistischen Gesellschaft. Der Kapitalismus hat sich zwar verändert, aber konkret ist es eigentlich so.

*Der Konsum ist das Motto des Kapitalismus. Und davon kommt der Gewinn, kommt das Kaufen etc...*

**In einer Konsumgesellschaft, ist Zeit „Geld", und die ist rar und knapp. Aber echte Beziehungen brauchen Zeit.**

Ja, kommt das Kaufen, kommen die Jobs, die man bekommen kann, und, und, und. Also das heißt: Alles oder vieles schaut man sich durch diese Brille an. Und das prägt nicht nur Menschen, die etwas kaufen wollen, sondern es prägt uns alle, ob wir es wollen oder nicht wollen, ob wir das ablehnen oder nicht ablehnen – mehr oder weniger. Leute, die bewußt sind und das nicht leben wollen, werden versuchen, anders durch die Welt zu gehen. Aber immer wieder werden wir konfrontiert mit dem Konsum als Motto.

**Das heißt, wir bekommen scheinbar viel, weil wir bezahlen. Aber wir bekommen nicht mehr auf der Ebene der Seele.**

Genauso werden wir, ob wir es wollen oder nicht, konfrontiert mit dem Konzept „Zeit", mit dem Verständnis, das wir von der Zeit haben.
In einer Konsumgesellschaft, in der Zeit „Geld" ist, ist sie rar und knapp. Die Leute gehen hastig und gestreßt durch die Welt. Jede Minute wird „gespart", nichts verschenkt. Es hört sich übertrieben an, aber das ist eine besondere Erscheinung des Endes unseres Jahrhunderts.
Zeit ist nicht aus unserem Geiste wegzubekommen. Und zur Zeit in unserer Konsumgesellschaft ist der Konsumismus oder die Konsumverhältnisse nicht aus dem Geiste wegzudenken. Das heißt, sie prägen uns, ob wir wollen oder nicht. Und das beinhaltet, daß alle Beziehungen – durch die Bank – von dieser Konsumhaltung auf irgendeine Weise geprägt sind, mehr oder weniger. Und echte Beziehungen brauchen Zeit.
In dieser unserer Zeit sind dann eine Unmenge von Dingen, die früher möglich waren, nicht mehr möglich. Ich gebe Dir ein Beispiel: Früher, in archaischen Familienstrukturen, konnte die Mutter, bis sie ganz extrem alt war, in der Familie bleiben. Das war zwar vielleicht eine Last, aber man hat das „in Kauf genommen". (Überraschung darüber, was in dem Wort liegt.) Ach, ist das nicht schön? (Lachen) Die Mutter war da und gehörte dazu, egal ob sie alt oder behindert war, ob sie nicht mehr viel machen konnte: Sie war da; sie war nicht wegzudenken. Jetzt sind sie ganz einfach wegzudenken, indem man sie in ein teures Altersheim steckt, wofür man Jahr für Jahr das Geld angesammelt hat, damit sie uns bloß in Ruhe läßt.
Also, was heißt das? Das heißt, daß jede Art von Auf-sich-Nehmen von Unannehmlichkeiten, wo früher die Bereitschaft dafür da war, heute nicht mehr vorhanden ist, weil man für Geld irgend jemand holen kann, der das dann für einen erledigt. Das heißt, daß die ganzen zärtlichen, familiären, die ganzen feingewobenen Bezie-

hungsaspekte, die ursprünglichen Familienstrukturen oder auch das Freundschaftsgewebe nicht mehr so sind wie früher. Heutzutage überlegt man sich zweimal, auch wenn es ein guter Freund ist, ob er uns kurz hilft, sein Auto zu leihen, damit wir irgendwohin fahren können: Wir holen ein Taxi. Das heißt, wir bekommen scheinbar viel mehr, weil wir bezahlen. Aber wir bekommen nicht viel mehr auf der Ebene der Emotionalität, auf der Ebene der Seele. Dieser Seelenaspekt ist weggestrichen oder unterrepräsentiert. Du kannst das beobachten, wenn die Menschen tanzen. Viele hasten durch den Raum, als ob sie sich unendlich gedrängt fühlten bzw. unter Spannung stünden. Ihnen fehlt die Mitte, die Zentrierung, die Erdung. Sie sind nicht von innen, sondern von außen gesteuert.

*Ist das ein besonderes Kennzeichen auch des Endes unseres Jahrhunderts, oder ist das einfach nur ein Zeichen des Kapitalismus?*

Für mich ist es ein Zeichen des Kapitalismus, erstmal. Und dann muß alles in unserem gegenwärtigen Kapitalismus, denke ich, auch weil es Geld kostet, schnell gehen. Und insofern ist es auch ein Zeichen des Endes des 20. Jahrhunderts. Wenn ich einen Bezug zum Tanz suche mit der Frage, warum der Tango boomt, dann würde ich sagen: Im Tango hat man mindestens eine duale Beziehung, für einen kurzen Moment zwar, aber durchaus eine Beziehung, oder sei es auch nur eine Begegnung oder überhaupt einen Kontakt, und man gönnt sich die Zeit zu tanzen.

*Ja, man spricht ja heute schon von einer Lebensabschnittbeziehung. Und im Tango sind es drei Minuten.*

Genau, kann man sagen. „Erlebensabschnitt" ist schön.

*Erlebensabschnittbeziehung?*

*Nein, es gibt keine Lebensbeziehung mehr, sondern nur noch Lebensabschnittbeziehungen.*

Ja, und das ist im Tango ein Tanz. Aber um zurückzukommen zur Beziehung von Kapitalismus und Tango.

Marie-Paule

Die gesellschaftliche Situation spiegelt sich ja typischerweise in den Tänzen wieder: von 1960 an aufwärts bis heute zur Disco. Eine Zeitlang, als sie schon vereinzelt tanzten, haben sie oft die Fäuste so geworfen, wo man wirklich in der ganzen Beweglichkeit eine Widerspiegelung der Einsamkeit, des Alleinseins, des Sich-Durchkämpfens, der Atomisierung und der Vereinzelung wiederfinden konnte. Von daher erkläre ich mir auch, warum Tango so stark im Moment boomt: Man tanzt zumindest nicht allein.

*Ja, das wäre aber auch bei anderen Paartänzen der Fall.*

Aber die sind nicht so kreativ. Der Tango ist extrem kreativ. Und ich glaube schon, daß er bestimmte Leute anspricht, je nachdem, was für „Filme" sie im Kopf haben. Wenn sie „Sexfilme" im Kopf haben und die Erotikschiene fahren, dann sagen sie: Ah, das ist geil! und sie versuchen, alle möglichen Figuren auf unwahrscheinlich hypererotisierende Weise zu machen, was lächerlich aussieht. Aber sie glauben, sie sind unwahrscheinliche Cracks darin. Wenn sie einen anderen „Film" haben – was weiß ich –: tiefe Depression, dann werden sie ganz tiefe Tangoblicke werfen. Oder sie wollen auf Crack machen, dann teilen sie Dir mit: Guck mal, wie gut ich bin! Ich kann's sogar ohne Lederschuhe, nur mit Tennisschuhen. Es können auch Basketballschuhe oder irgendwelche Gummischuhe sein, die absolut nicht gleiten. Aber irgendwie müssen sie sich profilieren, und dann finden sie auf ihre Weise auch ihre Profilierung, eben in der Art, wie sie sich zeigen im Tanz.

*Sehnsucht nach wenigstens einer Beziehung von dreieinhalb Minuten, nach einem Austausch oder einer Kommunikation, auch zwischen Frau und Mann? Diese Beziehung ist doch auch die kleinste Zelle des Sozialen, oder?*

Ist es auch.

*Und wir haben gerade gesehen, daß der Kapitalismus, der ja die Menschen atomisiert, zum Konsum führt, dem eigentlich ein Stück weit entgegensteht. Warum ist es denn dann doch so, daß viele in der Tangoszene in diesem Egoistischen, Konsumistischen hängenbleiben und eigentlich nicht transzendieren wollen und mit dieser Kraft aus dem Tango in die Gesellschaft rausgehen, um dort vielleicht etwas zu bewirken? Ist das zuviel verlangt vom Tango? Kann er das nicht leisten, oder ist es vielleicht eine Zukunftsperspektive?*
*Es ist ja bekannt, daß sich in der Tango-Szene viele aus der 68er-Generation tummeln, die frustriert sind, weil sich die Gesellschaft nicht hat verändern lassen. Nun haben sie auf der privatistischen Schiene erstmal Therapie gemacht und holen sich jetzt diese dreieinhalb Minuten Genuß oder Zweisamkeit im Tango ab – mal zugespitzt formuliert. Ist das so?*
*Vielleicht kannst Du noch darüber sprechen, ob Du nicht doch eine Perspektive siehst, die mit dem Tango zu tun hat, die uns vielleicht wieder in eine neue Sozialität führen kann und die eine Qualität mitbringt, auch eine Gestaltungsqualität erüben läßt, die wir über die Privatsphäre hinaus brauchen können?*

Ich weiß es im Moment echt nicht. Meine Meinung kann sich ja noch ändern, aber im Moment weiß ich es nicht. Im Moment bin ich eher etwas pessimistisch, und zwar weil unwahrscheinlich viel mit dem Faktor „Geld" geschieht. Ich befinde mich mitten unter den Profileuten und sehe, wie die ganzen Leute nach Europa kommen und viele von ihnen die Europäer „melken".
Daß diese Leute eventuell nicht klug genug sind – es geht darum, schnelles Geld zu machen, es geht um diese Konsumgeschichte –, das steht auf einem anderen Blatt. Der Tango ist aus wirtschaftlicher Sicht ein Produkt aus Argentinien, genauso wie Fleisch, könnte man sagen. Und das Produkt wird verkauft an bedürftige Leute, die darin irgendwas finden. Aber diejenigen, die den Tango verkaufen, sind manchmal sehr kurzsichtig und denken nicht an später, sondern nur an schnelles Geld. Sie verkaufen ihre teuren Workshops und tun so, als ob sie die einzigen wären, die etwas können. Das ist ein echtes Problem. Dann verschwinden sie, lassen Dich aber mit einer Telephonrechnung von 700 Mark zurück.
Damit will ich sagen, daß die Leute nicht langfristig denken. Und das spiegelt sich auch im Tango wieder. Deshalb meinte ich: Wenn nicht grundsätzlich eine andere Haltung eingenommen wird, auch im Zusammenleben, seien es die Argentinier mit den Europäern oder die Europäer mit den Argentiniern, seien es die Schüler unter sich, wenn sich das nicht ändert, dann ist es wirklich nur noch ein Abzocken von Genuß.
Du kannst aber auch im Tango etwas ganz anderes bekommen. Ich erlebe hier an meiner Schule, daß viel Solidarität zwischen den Leuten ist, viel Freude und eine andere Beziehung dann entsteht, auch außerhalb des Tango. Da werden Freundschaften geschlossen,

langsam aufgebaut; man hilft sich und so weiter. Das ist auch möglich und wichtig.

*Siehst Du den Tango als Übungsfeld für soziales Verhalten?*

Als soziales Feld, um Freundschaft zu entwickeln.

*AW: Du sprachst am Anfang von Genuß, und mit Genuß assoziiere ich erstmal Passiv-Sein.*

Ja, natürlich.

*AW: Aber beim Tango ist es ja eigentlich umgekehrt: Wenn ich nicht aktiv bin, habe ich den Genuß nicht. Also geht es eigentlich um eine Aktivität. Du sprachst von dieser meditativen Haltung, die ein Genuß ist. Aber gleichzeitig muß ich ja ständig aktiv sein, um diesen Genuß zu haben. Also ist es nicht ein Genuß, den ich von außen konsumiere, sondern den ich selbst kreativ immer wieder herstellen muß. Von daher kommt für mich auch die Möglichkeit, Kraft daraus zu ziehen und auch wirklich ein soziales Verhältnis zu üben nämlich so, wie ich mich auf die Partnerin einlasse.*
*Nehme ich z.B. folgende Situation: Ich mache eher forsche Bewegungen, meine Partnerin ist lieber langsam. Wenn nun jeder seinen Stil durchzieht, ist nichts möglich. Wenn ich mich einlasse auf ihre Langsamkeit, schränke ich mich ein. Aber ich erlebe diese Einschränkung nicht als negativ. Vielmehr ist diese Einschränkung schön, weil dadurch wieder etwas Neues entsteht.*
*Genauso ist es im Gespräch. Wenn ich nur für mich rede, passiert eigentlich gar nichts. Nur wenn ich genauso gut zuhören kann, dann passiert was. Und das sehe ich auch so im Tango, gerade weil darin die Kreativität liegt. Du als Frau solltest spüren: Was macht er jetzt? Es sind nicht Schritte, die man im Schlaf nachtrampeln kann; Du mußt genau darauf achten. Und ich sollte wiederum darauf achten, wie Du sagtest: Wenn es wirklich schön ist, was kommen da für Impulse von der Frau? Wie will sie tanzen, damit es schön ist?*

Nicht nur das. Sondern das kann sehr, sehr schön sein dadurch, daß dieses Sich-Treffen wirklich ein echter Dialog wird und nicht nur ein Schritte-Durchziehen. Das wäre natürlich ein schöner Beitrag des Tango gerade auch in unserem Alltag, nämlich dieses einerseits Kreativ-Sein, wenn ich führe, zeigen, was ich will, aber in einer Klarheit zeigen, was ich will, und andererseits Platz-Lassen für den anderen. Und deshalb meine ich, daß meine Schüler beides lernen sollen; denn es ist eine Aktivierung von beiden Potentialen, eine Integration der Polaritäten und Anteile in einer Person, die man sonst gerne auf das andere Geschlecht projizieren möchte. Beide müßten das ein Stück weit das ausprobieren, was sie vielleicht im Alltag kaum machen. Das Schöne ist ja, herauszufinden, wie ich mit dem anderen, wenn ich ihn wirklich höre und spüre, wirklich etwas Wunderschönes kreieren kann.

> „In der Tradition des Tangos war es so, daß die Männer immer lernen mußten, beide Rollen zu tanzen. Das mußten sie am Anfang des Jahrhunderts aus Gründen, die nicht meine sind, aber sie durften sich nicht blamieren in der Öffentlichkeit und mußten dann sehr wohl üben, damit sie wissen: Was fühlt die Frau, und wie kann ich sie sanft und genau führen, und das bekommt man wirklich nur mit, wenn man selber geführt wird. Und diese Tradition, beide Rollen zu lernen, habe ich voll und ganz in meinem Unterricht integriert. Natürlich, wenn ich jemanden habe, der sehr gestört ist auf der motorischen Ebene – und das sieht man sehr schnell –, das würde ich nie fordern, daß dieser Mensch beide Rollen lernt, das auf jeden Fall nicht. Aber wenn ich merke, es ist ein normaler Neurotiker, und die haben eigentlich ganz gute Bewegungsfähigkeiten, dann würde ich ihm sagen: Probier' beide Rollen!" Marie-Paule

*Das ist eigentlich Kunst, nicht?*

Das ist für mich Kunst, auch Kunst im Alltag.

*Kann man das vielleicht auch „Soziale Kunst" nennen?*

Warum „sozial"?

*AW: Weil es zu zweit, gemeinsam passiert, und weil der Tango ja auch nicht von einem Menschen erfunden wurde, nicht auf einer Genialität beruht, sondern eigentlich auf der Genialität sehr vieler Menschen.*

Ja, auf der Genialität vieler Menschen aus dem Volk, genau! Der Einzelne, in Verbindung mit den anderen.

*AW: Ja, und dann wird das schön. Du als Lehrerin kannst natürlich nur anbieten.*

Ich kann den Schlüssel dafür reichen, indem ich meine Ideen weitergebe. Für mich ist das Horchen-Können wichtig, den anderen hören und fühlen können, spüren können, die Musik verstehen lernen und nicht nur Schritte zu unterrichten. Schon allein in der Art, wie ich unterrichte, sind darin bestimmte Ideen enthalten, Vorstellungen von der Welt, Selbstvorstellungen und menschliche Beziehungsvorstellungen. Du kannst einen Lehrer haben, der nur noch – was weiß ich – Schritt, Schritt, Schritt unterrichtet, und es ist egal, ob die Frau mitkommt oder nicht mitkommt. Oder Du achtest darauf, daß jeder Mensch dem anderen guttut. Ich möchte dem anderen Menschen guttun.

*Das ist auch eine soziale Komponente.*

Das ist ganz klar eine soziale Komponente.

*Ich finde das wichtig, den Aspekt der sozialen Kunstgestaltung im kleinen zwischenmenschlichen Bereich.*

Genau, in diesem kleinen zwischenmenschlichen Bereich! Wenn Du das weiter überträgst, kann sich etwas verändern. Da kommen wir wieder auf die Frage, bei der wir ganz am Anfang waren: Kann der Tango außerhalb der Tangoszene etwas Positives entwerfen, entwickeln? Ich würde sagen: Ja, es hängt davon ab, wie die Lehrer den Tanz weitergeben. Und das ist ein Problem zur Zeit in unserer Gesellschaft. Die Leute wollen nur Show, Show, Show, und entsprechend bauen die Lehrer ihren Unterricht nur auf showorientierten Figuren auf. Die Leute wollen einfach Figuren lernen, konsumieren, und die Lehrer lassen sich darauf ein. Das Motto lautet: Zeige ihnen showmäßige und schnell beeindruckende Dinge, anstatt eine gute Basis zu legen des Gehenlernens, des Spürens, des Gleichgewicht-Aufbauens, der Zentrierungsarbeit, Atmung, der Arbeit mit dem anderen, das Spüren des Anderen, daß er sich wohlfühlt, daß sie sich wohlfühlt, daß wir wirklich miteinander sind ..., all diese Aspekte.

*AW: Du machst immer die Bewegung von hier aus (Mitte/Brustbein). Tango kommt stets von diesem Punkt her.*

Tango ist für mich, sagen wir mal, wenn ich im Einklang bin mit dem, was von meiner Mitte und von hier kommt, als Bild. Es kommt auch darauf an – und das ist die Fähigkeit, den Geist einzusetzen –, die ganze Kreativität, die im Tango ist, herauszuholen. Aber wie ich ihn ausdrücke, das kommt vom Herzen für mich, und von meinem Hara oder von meinem Zentrum, von meiner Energie im Zentrum.

*Muß man auch denken?*

Für mich sind alle Tätigkeiten mit dem Denken verbunden. Denken ist für mich nicht schlecht; Denken ist eine Gabe.

*Die Vernunft, die Aufklärung?*

Das meinte ich nicht in diesem Sinne. Ich meinte den Geist als eine Reflektionsebene, aber auch das Mentale als Vorstellungskraft: im Geiste schauen.

*Du benutzt jetzt auch die ganze Zeit dieses schöne französische oder lateinische Wort: „Reflektieren" heißt ja wiederspiegeln, also eine Lebenssituation, ein Gefühl oder was auch immer. Das heißt aber: davon zurücktreten ...*

Eine Distanz haben und schauen.

*... schauen und sich Gedanken darüber machen. Das ist eine ganz spezielle Seite der Gedankenfähigkeit. Klar, es gibt die reflektierende oder reflektierte Aktion. Das ist*

*aber eigentlich eher kühl. Der Mond ist ja auch ein Reflektor; er spiegelt das Licht der Sonne. Es gibt aber auch das Denken als feurige Forschungstat, als ganz warme, intensive, kreative ...*

Das passiert in dem Moment, wo der Tänzer die Fähigkeit hat, blitzartig und in Bruchteilen von Sekunden die Musik, die er gerade hört, zu interpretieren und zwar richtig oder angemessen zu interpretieren. Dann spult er keine irgendwie fertigen Schritte ab, weil er die gerade drauf hat, sondern er schöpft sie wirklich genau passend zur Musik. Das wäre das Feurige, was sofort sichtbar wird.

## Tango und Krise

*Ich würde gerne noch auf ein Thema zu sprechen kommen und Dich fragen, ob das aus Deiner Erfahrung zutrifft, nämlich daß der Tango etwas mit der Krise zu tun hat.*

Welche Krise?

*Ja, genau darüber möchte ich jetzt ein paar Takte sprechen. Meine Idee war, als ich begonnen habe, mich mit dem Tango zu beschäftigen, auch von seinem Entstehungsmoment her, daß er ja in einem Moment entstanden ist, wo diese Heimatlosigkeit herrschte bei Leuten, die aus Europa kamen, wo eine Sehnsucht vorhanden war, und wo etwas Altes zu Ende gegangen ist, nämlich die alte Heimat, und das Neue sich vielleicht noch nicht genügend zeigte. Und genau diesen Umschlagpunkt, Nullpunkt eben auch, kennt man ja auch in der Psychologie, im individuellen Schicksal als Krise; Krisis heißt ja Umschlagpunkt, Entscheidung. Meine Idee war, daß der Tango an diesen sozusagen Scharnierstellen besonders gelebt, geliebt, bewegt wird, weil er zwar keine Antworten gibt auf diese Sehnsucht, aber seelisch in Bewegung bringt, weil er seelisch eine Bewegungsmöglichkeit hergibt. Und möglicherweise sind auch jeweils am Ende des Jahrhunderts solche Punkte, wo etwas Altes zu Ende geht, etwas Neues noch nicht da ist.*
*Was das Einzelschicksal betrifft, ist es doch so, daß viele Leute, die sich in einer persönlichen Krise befinden, zum Tango kommen, sich in Beziehungskrisen, Lebenskrisen oder Midlife-Krisen befinden.*
*Ich wollte Dich fragen, ob Du das bestätigst oder wie Du das erläuterst: „Tango und Krise".*

Ich denke, das ist durchaus einsichtig, was Du gerade gesagt hast mit der Krise. Wir befinden uns in einer Phase, gesellschaftlich gesehen – unabhängig von den Einzelschicksalen –, wo ganz viel Unsicherheit ist, wo Neues bald kommt, aber noch nicht da ist, wo Altes nicht mehr gültig ist, wo ganz viel nicht mehr trägt und nicht mehr gültig ist, sei es im Verständnis der Beziehungen, sei es in der Rollenzuteilung, sei es in der Art und Weise, wie man leben kann und beruflich angesehen oder nicht angesehen wird. All diese Dinge befinden sich gerade in einem Wechsel. Früher war Ansässigkeit eine sehr angesehene Qualität. Plötzlich ist vielleicht Flexibilität und Schnelligkeit – Arbeit hier und Arbeit da – eine angesehene Qualität. Es sind also extrem große Veränderungen in Gang. Sie greifen auf allen Ebenen, aber insbesondere auch in der Ethik.
Die Komposition und die Musik im Tango ist oft von Menschen gemacht worden, die sich in Krisen befanden. Das heißt, das, was in der Musik schwingt, ist das, was bei uns empfangen wird und wieder ein Echo dessen hervorruft, was mit uns los ist und was wir spüren. Dieses Echo ist für uns die Möglichkeit, eine Art Hafen – un havre – zu finden: Ah ja, diese Musik ist wie ein Hafen! Wir erkennen uns in ihr oder spüren die Sehnsucht, die wir in uns haben, oder erfahren eine Melancholie oder erfahren eine kraftvolle Seite, die wir vielleicht gerne leben würden oder leben wollen oder gelebt haben.
Dieses Krisenhafte, das in der Musik vorhanden ist, wird wiedergespiegelt auf einem anderen Kanal, nämlich im Tanz. Zwar sind die Tänzer mehr sensibilisiert für den Schritt. Aber trotzdem: für die Schritte brauchen sie die

> „Der Tango Argentino ist ernst, bitterernst und hat sehr stark philosophische Überlegungen drin, aber nicht unbedingt traurige; er ist für mich überhaupt nicht traurig. Gut, er kann auch traurig sein. Ich kann einen Tango hören und alleine für mich heulen. Manchmal, plötzlich kommen mir die Tränen. Aber das ist nicht die Essenz des Tango, nur weil dieser partikuläre Tango gerade mich berührt, nur weil ich gerade in einer Stimmung bin, die bestärkt wird durch bestimmte Töne. Aber das ist nicht der Tango, das bin ich. Der Tango hat etwas Kraftvolles und Temperamentvolles."
> Marie-Paule

Musik. Also das, was sie eigentlich leitet, ist die Musik. Und diese Krisen, in denen wir auf einer gesellschaftlichen Ebene sind, die erkennt man auch in den Einzelschicksalen, um so mehr, als die Zelle „Familie“ nicht mehr wie früher vorhanden ist. Die Zelle „Familie“ hat den Leuten eine gewisse Sicherheit gegeben. Insofern glaube ich, daß die Krisen noch extremer werden. Früher gab es ethische Verbände, die Dich gehalten haben, sei es die Kirche, sei es die Familiensippe. Heute hat man einen Psychologen, einen Psychotherapeuten als Nächsten, den man bezahlt. Und damit sind wir wieder beim Konsumaspekt vom Anfang unseres Gesprächs.

*Herzlichen Dank, Marie-Paule!*

**„Tanzen ist ein Seelenzustand.“**
**Eduardo Arquimbau**

# Veronika Nadj

## Der Tiger Millán – gemalte Tango-Gedichte

MALENA

Malena canta el tango como ninguna
y en cada verso pone su corazón.
A yuyo del suburbio su voz perfuma,
Malena tiene pena de bandoneón.
Tal vez allá en la infancia suvoz de alondra
tomó ese tono oscuro de callejón,
o acaso aquel romance que sólo nombra
cuando se pone triste con el alcohol.
Malena canta el tango con voz de sombra,
Malena tiene pena de bandoneón.

Tu canción
tiene el frio del último encuentro.
Tu canción
se hace amarga en la sal del recuerdo.
Yo no sé
si tu voz es la flor de una pena,
sólo sé
que al rumor de tus tangos, Malena,
te siento más buena,
más buena que yo.

Tus ojos son oscuros como el olvido,
tus labios apretados como el rencor,
tus manos dos palomas que sienten frío,
tus venas tienen sangre de bandoneón.
Tus tangos son criaturas abandonadas
que cruzan sobre el barro del callejón,
cuando todas las puertas están cerradas.
y ladran los fantasmas de la canción.
Malena canta el tango con voz quebrada.
Malena tiene pena de bandoneón.

MALENA

Malena singt den Tango wie keine andre
und legt ihr Herz in jeden Vers hinein.
Den Duft von Vorstadtunkraut gibt sie ihrer
Stimme,
und es ist der Kummer des Bandoneon,
den sie hat.
Vielleicht erhielt ihre Lerchenstimme dort in
der Kindheit
diese dunkle Färbung einer engen Gasse,
oder es war jene Romanze, von der sie nur
spricht,
wenn der Alkohol sie traurig macht.
Malena singt den Tango mit Schattenstimme,
Malena hat den Kummer des Bandoneon.

Dein Lied
hat die Kälte der letzten Begegnung,
dein Lied
wird bitter im Salz des Abschieds.
ich weiß nicht,
ob deine Stimme die Blume eines Kummers ist,
ich weiß nur,
daß beim Rauschen deiner Tangos, Malena,
ich dich für besser halte,
für besser als mich.

Deine Augen sind dunkel wie das Vergessen,
deine Lippen zusammengepreßt wie der Groll,
deine Hände zwei Tauben, die frieren,
deine Adern haben das Blut des Bandoneon.
Deine Tangos sind verlaßne Geschöpfe,
die den Schlamm der Gasse überqueren,
wenn alle Türen geschlossen bleiben
und die Liedgespenster bellen.
Malena singt den Tango mit matter Stimme.
Malena hat den Kummer des Bandoneon.

Text: Homero Manzi
Musik: Juan de Dios Filiberto
Entstanden: 1928
Übersetzung aus Dieter Reichardt:
Tango, Frankfurt 1981

m a l e n a

## EN ESTA TARDE GRIS

Que ganas de llorar
en esta tarde gris,
en su repiquetear
la lluvia habla de tí,
remordimiento de saber
que por mi culpa
nunca, vida, nunca te veré.
Mis ojos al cerrar
te ven igual que ayer,
temblando al implorar
de nuevo tu querer,
y hoy es tu voz
que vuelve a mí
en esta tarde gris.

¡Ven, triste me decias!...
Que en esta soledad
no puede más el alma mía;
ven, y apiádate de mi dolor
que estoy cansado de llorarte,
sufrir y esperarte
y hablar siempre a solas
con mi corazón.
Ven, pues te quiero tanto
que si no vienes hoy
voy a quedar ahogada en llanto,
no, no puedeser que viva así
con este amor clavado en mí
como una maldición.

No supe comprender
tu desesperación
y alegre me alejé
en alas de otro amor.
¡Qué sola y triste me encontré,
cuando me ví tan lejos
y mi engaño comprobé!
Mis ojos al cerrar
te ven igual que ayer,
temblando al implorar
de nuevo tu querer,
y hoy es tu voz
que sangra en mí
en esta tarde gris.

Text: José Maria Contursi
Musik: Mariano Mores

## AN DIESEM GRAUEN NACHMITTAG

Wie möchte ich weinen
an diesem grauen Nachmittag,
und der plätschernde Regen
erzählt mir von dir,
Gewissensbisse habe ich,
wenn ich daran denke,
daß ich allein die Schuld trage,
daß ich dich, mein Liebling,
nie, nie wiedersehen werde.
Wenn ich meine Augen schließe,
sehe ich dich so wie gestern,
ich zitterte, als ich nochmals
um deine Liebe flehte,
und heute ist es deine Stimme,
die zu mir zurückkehrt,
an diesem grauen Nachmittag.

Komm, sagtest du traurig zu mir,
denn in dieser Einsamkeit
kann meine Seele nicht mehr leben.
Komm und erbarme dich meines Schmerzes,
denn ich bin müde, dich zu beweinen,
zu leiden, auf dich zu warten und
immer allein mit meinem Herzen zu sprechen.
Komm, denn ich liebe dich sehr.
Wenn du heute nicht kommst,
ersticke ich an meinen Tränen.
Nein, nein, es kann nicht sein,
daß ich so weiterlebe mit
dieser Liebe, die wie ein Fluch
an mir haftet.

Deine Verzweiflung konnte
ich nicht verstehen,
und fröhlich ging ich fort,
beflügelt von einer anderen Liebe.
Wie einsam und traurig fühlte ich mich,
als ich mich so weit entfernt sah
und meinen Betrug erkannte!
Wenn ich meine Augen schließe,
sehe ich dich so wie gestern,
ich zitterte, als ich nochmals
um deine Liebe flehte,
und heute ist es deine Stimme,
die zu mir zurückkehrt,
an diesem grauen Nachmittag.

Qüe ganas de llorar en esta tarde gris!... En su repiquetear la lluvia habla de ti!... Remordimiento de saber qüe por mi culpa nunca, vida, nunca te veré... Mis ojos al cerrar te ven igüal qüe ayer. Temblando al implorar de nuevo mi qüerer... Y hoy es tu voz qüe vuelve a mi, en esta tarde gris. Ven! triste me decías... qüe en esta soledad no

## ESTA NOCHE ME EMBORRACHO

Sola, fané, descangayada,
la ví esta madrugada
salir de un cabaret;
flaca, dos cuartas de cogote,
y una percha en el escote
bajo la nuez;
chueca, vestida de pebeta,
teñida y coqueteando
su desnudez ...
Parecía un gallo desplumao,
mostrando al compadrear
el cuero picoteao ...
Yo que sé cuando no aguanto más,
al verla así, rajé,
pa' no llorar.

¡Y pensar que hace diez años
fué mi locura!
¡Que llegué hasta la traición
por su hermosura! ...
Que esto que hoy es un cascajo
fue la dulce metedura
donde yo perdí el honor;
que chiflao por su belleza
le quité el pan a la vieja,
me hice ruín y pechador ...
Que quedé sin un amigo,
que viví de mala fe,
que me tuvo de rodillas,
sin moral, hecho un mendigo,
cuando se fué.

Nunca soñé que la vería
en un „requiescat in pace"
tan cruel como el de hoy:
¡Mire, si no es pa' suicidarse,
que por ese cachivache
sea lo que soy! ...
Fiera venganza la del tiempo
que le hace ver deshecho
lo que uno amó ...
Este encuentro me ha hecho tanto mal,
que si lo pienso más
termino envenenao.
Esta noche me emborracho bien,
me mamo, ¡bien mamao!
pa' no pensar.

Text und Musik: E. S. Discépolo
Entstanden: 1927
Übersetzung aus Dieter Reichardt:
Tango, Frankfurt 1981

## HEUTE NACHT BESAUF ICH MICH

Einsam, erledigt, abgewrackt,
sah ich sie heut morgen
aus einem Cabaret kommen.
Dürr, zwei Viertelellen lang der Nacken,
ein Kleiderbügel im Ausschnitt
unterm Adamsapfel.
Krummbeinig, als junges Ding verkleidet,
gefärbt und ihre Nacktheit
kokett anbietend ...
Einem gerupften Hahne gleich,
der die zernarbte Haut
noch aufzuplustern sucht ...
Auch wenn ich viel vertragen kann,
sie so zu sehn – ich haute ab,
um nicht zu weinen.

Mir vorzustellen, daß ich vor zehn Jahren,
verrückt nach ihr war!
Daß ihre Schönheit mich zum Verrat trieb!
Daß das heute ein Wrack ist,
was einst meine süße Flamme war,
für die ich meine Ehre verlor.
Daß ich, verknallt in ihre Schönheit,
meine Alte hungern ließ
und zum gemeinen Schnorrer wurde ...
Daß mir kein Freund mehr blieb,
daß ich von Schurkereien lebte
und vor ihr auf den Knien lag,
charakterlos, zum Bettler wurde,
als sie ging ...

Nie hätt ich geträumt, sie so zu sehn,
wie heut' in ihrem grausamen Zustand
eines Requiescat in Pace.
Wenn das kein Grund ist, sich umzubringen,
daß ich durch dieses Bündel Elend
wurde, was ich bin!
Wütende Rache, die die Zeit verübt,
die einem die Ruine dessen zeigt,
was man einst liebte.
Diese Begegnung hat mich krank gemacht.
Je mehr ich daran denk,
vergiftet's mich noch ganz.
Heute nacht besauf ich mich
und laß mich vollaufen, voll,
um nicht zu denken.

RAJE, PARA NO LLORAR.
ESTA NOCHE
ME EMBORRACHO BIEN,
ME MAMO! BIEN MAMAO! PA' NO PENSAR

LOS PÁJAROS PERDIDOS

Amo los pájaros perdidos
que vuelven desde el más allá,
a confundirse con un cielo
que nunca más podré recuperar.

Vuelven de nuevo los recuerdos,
las horas jóvenes que dí,
y desde el mar llega un fantasma
hecho de cosas que amé y perdí.

Todo fué un sueño que perdimos,
como perdimos los pájaros y el mar,
un sueño breve y antiguo como el tiempo
que los espejos no pueden reflejar.
después busqué perderte en tantas otras
y aquella otra y todas eran vos;
por fin logré reconocer cuándo un adiós es
un adiós,
la soledad me devoró y fuimos dos.

Vuelven los pájaros nocturnos
que vuelan ciegos sobre el mar,
la noche entera es un espejo
que me devuelve tu soledad.

Soy sólo un pájaro perdido
que vuelve desde el más allá
a confundirse con un cielo
que nunca más podré recuperar.

Musik: Astor Piazzolla
Text: Horacio Ferrer

DIE VERLORENEN VÖGEL

Ich liebe die verlorenen Vögel,
aus fernsten Weiten zurückgekehrt,
um sich in einem Himmel zu verirren,
den ich nie mehr zurückgewinnen werde.

Erneut kehren die Erinnerungen wieder,
die jungen Stunden, die ich gab,
und vom Meer her kommt ein Gespenst,
geschaffen aus Dingen, die ich liebte und verlor.

Es war alles ein Traum, ein Traum, den wir verloren haben,
so wie wir auch das Meer und die Vögel verloren.
Ein kurzer Traum und alt wie die Zeit,
welche die Spiegel nicht spiegeln können.
Dann suchte ich dich in vielen anderen zu verlieren.
Jene anderen und alle waren du;
Endlich lernte ich anzuerkennen, daß ein
Abschied ein Abschied ist,
Die Einsamkeit verschlang mich, und wir waren
zu zweit.

Zurück kehren die nächtlichen Vögel,
die blind über dem Meere fliegen,
die ganze Nacht ist ein Spiegel,
der mir deine Einsamkeit entgegenwirft.

Ich bin nur ein verlorener Vogel,
der aus der Ferne zurückkehrt,
um sich in einem Himmel zu verirren,
den ich nie mehr zurückgewinnen werde.

Amo los pájaros perdidos
que vuelven desde más allá
a confundirse con un cielo
que nunca más podré
todo fué un sueño que perdimos d
después busqué perderte en tanta s
vos; por fin logré reconocer quan

El Tigre Millán

Picao de ciruela, bastante morocho,
encrespao el pelo lo mismo que mota,
un hodo barbijo a su cara rota
le daba un aspecto de taita matón.
De carácter hosco, bien fornido y fuerte,
afrontó el peligro cual bravo titán,
jamás tuvo miedo ni aún ante la muerte,
porque era muy hombre El Tigre Millán.

Pobre Tigre que una noche en Puente Alsina
dos cobardes lo mataron a traición.
Era guapo, de esos guapos más temidos
que la punta desgarrante de un facón.
Mala suerte, pobre Tigre, siempre tuvo
en cuestiones de escolazos y de amor.
Pues no era bien parecido
y fatalmente metido
con la mujer que adoró,
nunca fue correspondido
y ella al fin lo traicionó.

Cuentan que una noche bramó fiera
en un entrevero que hasta hoy se comenta.
Repartiendo hachazos ¡era una tormenta!,
mostró su coraje venciendo a un malón.
¡Parece mentira que hombres de su laya
mueran siempre en manos de un ruin cobardón!
Hoy la muchachada, ¡Tigre!...te recuerda
y aquella culpable llora su traición.

Text und Musik: Francisco Canaro
Entstanden: 1936 - 1957
Übersetzung aus Dieter Reichardt:
Tango, Frankfurt 1981

Der Tiger Millán

Von Pocken zernarbt, ziemlich dunkelhäutig,
krauses Haar wie das eines Negers,
eine tiefe Narbe, die seinem kaputten Gesicht
das Aussehen eines kühnen Messerhelden gab,
verschloßnen Charakters, muskulös und kräftig
begegnete er jeder Gefahr mit Heldenmut,
nie hatte er Furcht, auch nicht vor dem Tod,
denn er war ein ganzer Kerl, der Tiger Millán.

Armer Tiger, den eines Nachts in Puente Alsina
zwei Feiglinge verräterischerweise töteten.
Er war ein tapfrer Bursche von jener Art,
die mehr gefürchtet werden als die Spitze eines Dolches.
Unglück hatte er immer, der arme Tiger,
entweder beim Spiel oder in der Liebe.
Da er nicht gut aussah,
war's fatal, daß er sich höllisch in eine Frau verliebte,
die seine Liebe nie erwiderte
und ihn am Ende sogar verriet.

Man erzählt, daß er eines Nachts bei einer Schlägerei,
die unvergessen blieb, wie ein Raubtier brüllte.
Er hieb und stach. Das war ein Gewitter!
Er besiegte die Horde. Hier zeigte sich sein Mut.
Es ist kaum zu glauben, daß Männer seines Schlags
immer durch die Hand eines feigen Wichts sterben.
Heute, Tiger, denken alle jungen Burschen an dich,
und jene, die Schuld hat, beweint ihren Verrat.

picao de viruela, bastante morocho, encrespao el pelo lo mismo que mota, un hondo barbijo a su cara rota le daba un aspecto de taita matón, de caractér hosco, bien fornido y fuerte, afrontó el peligro cual bravo titán, jamás tuvo miedo ni aun ante la muerte, porque era muy hombre el tigre millán, pobre tigre que una noche en puente alsina dos cobardes lo mataron a traición era guapo y de esos guapos más temidos
que la punta desgarrante de un facón. mala suerte, pobre tigre, siempre tuvo en cuestiones de escolazos y de amor. pues no era bien parecido y fatalmente metió con la mujer que adoró, nunca fue correspondido y ella al fin lo traicionó. cuentan que una noche bramó como fiera en un entrevero que hasta hoy se comenta. repartiendo hachazos hera una tormenta!, mostró su coraje venciendo a un malón. ¡parece mentira que .

# Gespräch mit Amira Cámpora

Das Gespräch fand am 13. März 1997 in meinem Büro in Wangen statt. Da Amira erst seit einigen Jahren in Deutschland ist, beherrscht sie unsere Sprache noch nicht in jeder Nuance. Es stellte sich heraus, daß des öfteren das Gemeinte gar nicht ins Deutsche zu übertragen ist. Von daher kamen wir an die Grenzen unserer Kulturen. Für mich sind aber ihre Ausführungen so interessant, weil möglicherweise auch am authentischsten, zieht man den Entstehungs- und Heimatort des Tango ins Kalkül, daß sie im Konzert der Äußerungen nicht fehlen dürfen.

Rainer Rappmann

*Fang doch mal einfach an zu erzählen, was Tango für Dich ist, seinem Wesen nach. Wenn Du jemanden vor Dir hast, der das nicht weiß, wie sagst Du es ihm?*

Zu sagen, was Tango ist, ist für mich sehr anspruchsvoll, weil kein Mensch die Wahrheit für sich in Anspruch nehmen kann; es ist nur eine Meinung.

*Gut, aber ich frage ja Dich.*

Für mich würde ich den Tango so definieren: Tango ist ein Phänomen (eine gewordene Tatsache), das (die) man tänzerisch und musikalisch ausdrücken kann, also ein Gestaltungsphänomen wie in jeder Kunst und in jedem Ausdruck der Literatur, der Malerei, des Tanzes und der Musik. Für mich wenigstens ist Tango kein politisches Phänomen, sondern ein Kunstphänomen.

*Ein „Kunstphänomen" hört sich gut an. Aber was ist der Ursprung des Tango im Menschen? Ist es ein Lebensgefühl, oder ist es eine Philosophie? Wovon Du jetzt sprichst, das ist ja ein Ausdruck: im Tanz, in der Musik. Der muß aber irgendwoher kommen. Wo ist im Menschen der Ursprungsort des Tango, im Gefühl oder wo ist das?*

Ich glaube, es ist ein existentielles Problem. Tango spricht immer über das Leben und den Tod. Ich glaube, es ist die Frage, die sich jeder Mensch in dieser Welt vorlegt. Manche Leute können sich besser fragen, also die Leute, die mehr denken, die Intellektuellen. Aber ich glaube, diese Fragen liegen schon immer in der menschlichen Existenz, vielleicht sogar in unseren Körpern, in unserem Blut. Und Tango – glaube ich – ist das einzige Phänomen, wie man diese Fragen richtig ausdrücken kann. Deswegen kommt die Melancholie hinein, weil

man die Zeit im Leben nicht festhalten kann; in gewisser Weise verliert man sie. Und, wie Heidegger gesagt hat: „Das Leben ist ein Weg, um den Tod zu erreichen." Der Tango enthält immer diese Aussage: Ich verlasse etwas. Und das heißt, wenn Du erwachsen bist, verläßt Du etwas, Du verlierst etwas, Zeit oder Jahre oder ... Und das tut weh.

*Abschied nehmen auch.*

Ja, genau. Ich glaube, dieser Tanz oder diese Musik oder diese Texte sind einfach die Möglichkeit, dieses Phänomen auszudrücken so, daß das Innere nach außen kommt.

*Ist es auch die Verlassenheit? Wenn Du sagst, ich verlasse etwas, dann bin ich ja auch verlassen von etwas?*

Ich meine, diese Zeit zu verlassen, bedeutet: Ich bin Kind, erst jung und dann alt. Die Angst vor dem Tod, das ist normal. Du hast Angst, auch hinsichtlich Deiner Beziehungen: Du weißt nicht, was kommt – diese Unsicherheit.

> **Ich treffe mich mit der Einsamkeit, die der Mensch hat. Im Tango kann ich meine Einsamkeit tanzen oder hören und mit anderen Personen teilen.**

*Dann gehe ich in die Musik und in den Tanz; finde ich da ein Stück Heimat, Trost, oder drücke ich diese Sehnsucht einfach nur aus?*

Wenn ich dieses Gefühl habe, das Leben zu verlassen oder ich gehe in Richtung Tod – wie kann man das auf deutsch ausdrücken? Ich treffe mich mit der Einsamkeit, die der Mensch hat: Im Tango kann ich meine Einsamkeit tanzen oder hören und mit anderen Personen teilen. Das heißt, ich bin auch nicht so allein; denn wenn ich allein bin, bekomme ich noch mehr Angst. Ich kann Verzweiflung und Schmerz tanzen und so mit anderen teilen.

*Ja klar! Aber Paartänze gibt es viele. Daß ich die relative körperliche Nähe mit jemandem teile, das gibt es auch in anderen Tänzen. Aber der Tango scheint etwas Spezielles zu sein.*

Wichtig für mich ist dieser Tanz, weil ich ihn zu meiner Existenz gemacht habe; ich lebe davon. Andere Leute leben von seiner Musik, leben von seinen Texten oder schreiben über Tango. Ich glaube, dieser Tangotanz ist auch deshalb sehr interessant, weil die Frau immer anders als der Mann tanzt, und natürlich der Mann anders als die Frau, und trotzdem gibt es eine gemeinsame Koordination. Das gehört nur zu diesem original argentischen Tango; das ist sein Charakter.

Wenn mich jemand fragt, ist es für mich sehr schwierig zu antworten. Ich kann nicht so schnell darüber nachdenken, was beim Tango passiert. Das ist oft eine große Intuition, ein großes Gefühl, das mit Worten nicht so gut ausgedrückt werden kann. Man muß aber über seine Gefühl nachdenken, und das ist sehr schwierig.

*Das ist klar. Gefühl ist Gefühl, und ein Wort ist ein Wort. Es ist etwas vollkommen anderes, das auch zu übersetzen, was Du in dem Moment empfindest. Über Gefühle kann man nur sehr schwer sprechen. Aber das versuchen wir trotzdem miteinander.*

Ja, das muß man.

*Du hast jetzt auch begonnen davon zu erzählen, daß der Mann eine andere Rolle tanzt als die Frau im Tango, was ja bei den Standardtänzen, soweit ich sie gelernt habe, nicht unbedingt der Fall ist. Da tanzt man eigentlich immer parallel sozusagen, und es sind die gleichen Schritte. Ist das für Dich die individuelle Note im Tango, daß die Frau anders tanzt als der Mann? Ist das für Dich der Ausdruck Deiner Person? Nein, fragen wir doch erst einmal auch gleich nach der Rolle der Frau. Darüber wird ja auch viel gesprochen.*

Die Rolle der Frau ist anders als Ihre Bewegungen. Die Rolle ist klar: Der Mann muß führen, und die Frau muß sich führen lassen. Ich denke jetzt gerade daran – ich weiß nicht genau, ob das stimmt –, aber die Rolle des Mannes ist anders als die der Frau, und ich glaube, die Bewegungen des Mannes und die Bewegungen der Frau, das ist eine andere Sache als die der Rolle. Die Rolle ist die erste Sache im Tango, die Du lernen mußt: Der Mann muß führen, und die Frau muß sich führen lassen

*Da hast Du ja auch dezidiert Stellung genommen in einem Interview mit Gerrit Schüler[1]. Du hast damals gesagt: Die deutschen Frauen können sich nicht führen lassen, und die deutschen Männer können nicht führen.*

Ja, das ist wahr. Das war am Anfang mein erster Eindruck. Für die Männer war es sehr schwierig, die Frauen zu führen, und für die Frauen, sich führen zu lassen. Aber jetzt denke ich nicht mehr so. Ich bin schon vier Jahre hier. Und natürlich hat sich das verändert. Es ist schon populär und richtig bekannt, daß beim Tango der Mann führen und die Frau sich führen lassen muß.

*Aber merkst Du einen Unterschied zwischen Deinen Landsleuten und uns hier?*

Ja, das sind sowieso unterschiedliche Sachen. Also für mich ist es schwierig, einen Vergleich zu machen. Für mich bedeutet, Tango nach Europa, nach Deutschland, mitzubringen, einen Teil einer Kultur zu verpflanzen. Der Tango ist in Buenos Aires entstanden, und ich muß diese Kultur transportieren in ein anderes Land. Deswegen erfährt diese Kultur, dieser Tanz, diese Musik – also Tango – eine Transformation. Der Tango ist ja hier nicht geboren.

*Ist der Tango hier anders als in Argentinien?*

Ja, dort ist Tango anders.

*Hängt das mit der Mentalität zusammen?*

Er hat diese Unterschiede bereits in sich. Das hängt nicht nur von der Mentalität der Leute ab. Der Tango ist in Buenos Aires entwickelt worden, weil die Menschen so waren, weil die Zeit so war ...

*Aber er ist ja auch aus der Korrespondenz oder aus dem Gespräch mit Europa entwickelt worden.*

Aber Du kannst fragen: Warum wurde er nicht in Deutschland geboren, warum nicht in Rußland? Er ist in Buenos Aires entstanden. Und insofern sind schon Unterschiede. Wenn jemand zum Beispiel Wein in Argentinien anpflanzt, denselben Wein wie in Deutschland, genau die gleiche Sorte: In Buenos Aires bekommst Du einen anderen Wein. Das ist dasselbe wie mit dem Tango.

*Gut, laß uns gleich noch mal genauer darauf eingehen. Der Tango ist also für Dich nicht abzulösen von Argentinien, weil da sein Entstehungsort ist. Er ist damit verbunden und wird es immer bleiben. Ich will auf eine Gefahr hinaus oder auf ein Problem aufmerksam machen, was mir auch schon gesagt worden ist von Freunden: Tango-Tanzen in Europa, das ist so ähnlich, wie wenn man einen „Schuhplattler" in Buenos Aires tanzt. Tango ist doch ein Tanz, der hängt mit Buenos Aires, mit Argentinien zusammen, was willst Du hier im Allgäu damit? Ist es so? Ist der Tango etwas Exotisches, etwas Importiertes und gehört eigentlich gar nicht hierher ?*

Das sind natürlich die Fragen nach der Zeit. Tango tanzt man nicht wie früher, glaube ich. Das ist ein Problem. Deswegen ist der Vergleich zwischen Deutschland und Argentinien und Europa und Argentinien und anderen Ländern ein bißchen schwierig. Der Tango ist ein Tanz, der sich immer weiter entwickelt hat. Er wurde hier in

*Amira & Michael*

den 20er Jahren ganz anders getanzt als jetzt in den 80er und 90er Jahren, total anders.

*Als er nach Europa kam, ist er sofort verändert worden.*

**Als ich die letzte Reise nach Buenos Aires machte, hatte ich das Gefühl, daß derselbe Tango in Argentinien anders klang.**

Ja, jetzt kann man schon besser vergleichen als vorher; das Niveau ist besser geworden. Ich glaube, das macht die Kommunikation und die Verbindung, daß immer Leute von Europa nach Buenos Aires ziehen und umgekehrt. Als ich die letzte Reise nach Buenos Aires machte, hatte ich das Gefühl, daß derselbe Tango in Argentinien anders klang. Ich weiß nicht warum.

*Das gleiche Lied?*

Das gleiche Lied, Ich kann den gleichen Tango in Deutschland hören, aber in Buenos Aires klingt er anders.

*Die gleiche CD, oder was?*

Die gleiche CD, der gleiche Tango klang anders. Das hat damit zu tun, daß dieser Tanz dort geboren ist.

*Du sprichst ja jetzt dann doch dafür, zu sagen: Hier ist er etwas Fremdes. Plädierst Du dafür, den Tango hier nicht zu tanzen?*

Nein, im Gegenteil! Ich bin total stolz auf meinen Tanz und darauf, daß er hier getanzt wird. Ich finde es auch ganz erstaunlich, daß viele europäische Orchester richtig guten Tango spielen, sehr gut. Die Musik hat eine bessere Entwicklung erfahren als der Tanz.

*Sie ist leichter zu übertragen.*

Ja, Du kannst hier gut Musik studieren. Du kennst die Noten, es fehlt Dir nur noch der Charakter von dieser Musik. Es gibt auch viele Musiker aus Argentinien, die hier leben. Man kann hier schon gut unterrichten.

*Ist das beim Tanz nicht so? Als jemand, der lange mit Michael Domke getanzt hat, hast Du eine gute Vergleichsmöglichkeit; er ist ja Deutscher. Und Du hast sicher auch mit Argentiniern getanzt. Ist da ein Unterschied?*

Nein, also insofern kann ich nicht sagen, daß man hier schlechter tanzen kann als in Argentinien. Es gibt Argentinier, die schlecht, und solche, die gut tanzen. Genauso gibt es in Deutschland oder in Europa Leute, die sehr gut, und solche, die schlecht tanzen; insofern ist es dasselbe.
Ich denke, der Unterschied liegt zuerst in der Präsenz und in der Umarmung, also darin, wie die Männer – besonders die Männer, weil die Männer müssen führen – umarmen. Dazu gehört natürlich die Haltung. Die Haltung hier ist anders.

*Die Haltung?*

Ich weiß auch nicht, warum das so ist.

*Was ist dabei anders? Haltung ist ja etwas, was mit der Seele zu tun hat. Du hast ja auch eine „innere Haltung". Ich habe eine Haltung zu irgendwas, also eine Einstellung. Das ist ja nicht nur äußerlich der Körper, sondern Du drückst Dein Inneres aus.*

Nein, Haltung bei uns ist „postura", und die „postura" im Tango ist sehr wichtig. Ich denke, in Buenos Aires hat man die Haltung, sich hinzustellen und sich zu umarmen. Das ist ein bißchen intuitiver; man braucht nicht so viel zu lernen wie hier. Hier muß man lernen, wie die Arme sind, wie der Brustkörper ist oder sein soll usw.

*Du hast im Interview mit Gerrit gesagt, die Deutschen seien doch mehr ein „Volk der Dichter und Denker", hätten also mehr intellektuelle Eigenschaften vorzuweisen. Meinst du damit, daß die Deutschen vielleicht andere Stärken haben, andere Schwerpunkte als das Körperbewußtsein?*

Genau, wenn Du z.B. daran denkst, wie die Geschichte in Deutschland ist, wie viele Philosophen es hier gibt, oder wie die Sprache ist. Sie ist anders als die lateinischen Sprachen. Unsere Sprache ist eine romanische Sprache. In Deutschland ist die Sprachstruktur schon schwierig zu erlernen. Es sieht so aus, als ob das auch zu dieser Kultur gehört. Die Deutschen sind sehr intellektuell, haben viele Gedanken.

*O.k., aber das würde jetzt eher dafür sprechen, daß der Tango nicht hierher gehört. Oder ist es gerade so, daß wir eben da ein Defizit haben und daß wir das deswegen suchen?*

Ich glaube, es ist ein Defizit dieses 20. Jahrhunderts: Die großen Bewegungen, etwa in der Technologie; es ist wahnsinnig, diese Schritte, diese Fortschritte, welche die Technologie gemacht hat! Und gerade deshalb ist man einsam geworden. Wenn Du ein Video anschaust, kannst Du Dich mit dem Video verbinden, aber Du hast keine Kommunikation mit dem anderen Menschen. Tango ist Kommunikation; Tango und Tanz ist ein großer Treffpunkt. Wenn Du auf die Straße gehst, fragen Dich die Leute nicht: „He, willst Du mit mir einen Kaffee trinken?" Die Leute gehen zum Tanzen. Also der Tanz ist eine „Ausrede", ein Anlaß.
Aus meiner Sicht ist die Technologie eine nachgeordnete Sache. Auf der einen Seite ist sie gut für unsere Bequemlichkeit. Auf der anderen Seite macht sie die Menschen kaputt. Die Menschen fühlen das, und sie suchen etwas, um sich auszudrücken oder in Verbindung miteinander zu kommen. Zwar hat Tango eine ironische Seite, aber sein anderer Charakter ist melancholisch; viele Leute hier in Deutschland identifizieren sich mit dieser melancholischen Musik. Auch ist der Bandoneonklang sehr melancholisch und gehört zu Deutschland. Dieses Instrument ist ja hier entwickelt worden; das ist total verrückt.

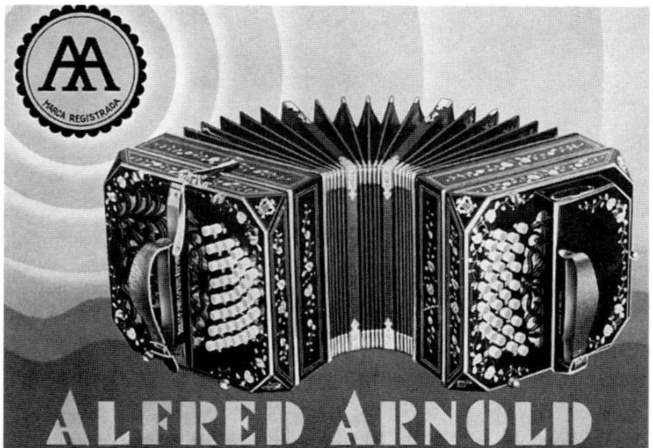

Bandoneonproduktion/Erzgebirge bis Ende 30er Jahre

*Melancholie ist ja nicht nur ein Gefühl, sondern vielleicht auch ein gedankliches Element, wo man irgendwelchen Gedanken nachhängt.*

Jeder Mensch ist, glaube ich, melancholisch ....

*... insofern er als Mensch Bewußtsein von sich selbst hat – oder zumindest die Möglichkeit dazu potentiell hat. Der Tango hat also seinen Ursprung in Argentinien und ist aus dem Zusammenklang mit Europa entstanden. Aber er ist doch jetzt in unserer Zeit, Ende des 20. Jahrhunderts, dabei, kosmopolitisch zu werden. Begrüßt Du das als Argentinierin, bist Du darauf stolz?*

Ja, total. Ich bin sehr froh darüber, daß der Tango die Grenzen von Argentinien übersprungen hat.

*Könnte es sogar so sein, daß umgekehrt wieder aus der Welt Anregungen nach Argentinien zurückfließen, unter Umständen?*

Ich habe gedacht, irgendwann fordern die Frauen auch die Männer auf. Zum Beispiel fordern die Frauen in Kuba die Männer auf. Die Männer sind total zufrieden sozusagen oder einfach stolz. Und in unserer Kultur ist es üblich, daß der Mann auffordert. Aber mit der Globalisierung des Tango ist Argentinien absolut in Verbindung mit dem Ausland. Zum Beispiel fordern viele Frauen hier in Europa die Männer auf. Und ich glaube, irgendwann passiert das auch in Argentinien, in Buenos Aires. Nicht daß die Kultur außerhalb besser ist oder fortgeschrittener, aber es passiert zumindest dieser Austausch.

*Du hast es eben schon erwähnt: Wir leben in einer Zeit, in der die Gefahr besteht, daß sich die Technologie verselbständigt und den Menschen übertrumpft, ihm über den Kopf wächst, ihn von sich selbst auch entfremdet. Siehst Du vielleicht durch den Tango eine Möglichkeit, daß sich der Mensch seine urmenschlichen Ebenen wiedererringen kann und daß er damit die Welt ein wenig heilt, die Technik wieder mehr einordnet, wo sie hingehört, sie eingrenzt in ihre Gebiete, daß sie nicht überhandnimmt und alles überwuchert?*
*Für mich ist das ein wichtiger Punkt, auch nach der Zukunft des Tango zu fragen, nach seiner Aufgabe, sei-*

*ner Mission: Was kann er uns bringen? Wie kann er uns helfen in der Situation, in der wir als Menschheit stehen?*

Viele Leute machen Tango als Therapie, weil für viele Menschen Tanz eine Therapie ist. Viele Leute unterrichten Tango als Therapie. Ich war immer dagegen, den Tango so zu verstehen. Ich denke, Tango ist ein toller Tanz, eine tolle Musik, besonders in Situationen, wenn ich mich allein fühle und mit den Leuten nicht reden kann. Ich rede natürlich spanisch, und es gibt viele Worte, die ich deutsch nicht ausdrücken kann. Was passiert, wenn ich Tango höre? Diese Einsamkeit und dieses Gefühl, daß ich traurig bin, ist für mich vorbei. Insofern ist es für mich als Mensch eine Therapie.
In diesem permanenten Streß, bei dieser fortgeschrittenen Technologie, in der Angst, das Geld zu verlieren, die Arbeit zu verlieren, jetzt verstärkt am Ende des 2o. Jahrhunderts: Das sieht so aus wie das Ende der Welt. Man hat das Gefühl, ich muß jetzt im Moment alles leben. Mit einem Mann tanzen, mit einer Frau tanzen, das ist wie: Die Menschen wollen alles nachholen, damit sie keine Zeit verlieren.

*Ist denn Tango ein Heilmittel? Ich mag das allzu Therapeutische auch nicht. Aber vielleicht ist er doch ein Heilmittel für unsere Zeit?*

Nein, ich mag es auch nicht. Aber jede Kunst ist eine Art Therapie. Wenn Du malst oder wenn Du singst, dann ist die Seele einfach offener. Manchmal singe ich nur, weil ich mich wohlfühle. Viele Therapeuten sagen, wenn jemand ein Instrument spielt, ist es für Dich eine Möglichkeit, Dich selbst zu erkennen. Aber ich denke, jeder Mensch sucht für sich etwas aus. Ich z.B. mache auch Yoga oder andere Dinge mit dem Körper, und ich finde das ganz wichtig. Obwohl Yoga keine Kunst ist, ist es doch ein möglicher Weg, um mich zu finden, oder es gibt mir Energie, zu mir zu kommen. Der Tango ist auch ein solches Mittel, damit ich bei mir bin, also nicht beschäftigt bin mit anderen Sachen.

**Jeder identifiziert sich mit diesem Tanz, egal warum. Aber einen Schritt tiefer kommt die generelle Frage nach dem Tango: Was bedeutet dieser Tanz?**

*Würdest Du dem Tango auch über die Jahrtausendwende hinweg eine Bedeutung zuschreiben? Würdest Du sagen, daß der Tango wichtig ist für die nächste Zeit, für die nächsten Jahrzehnte?*

Ich persönlich identifiziere mich mit diesem Tanz nicht nur, weil er mir gefällt; für mich ist er ein großes Gefühl und eine Leidenschaft. Wenn eine Frau sagt: Ich bin Mutter, ich bin Lehrerin, ich muß arbeiten, und im Tango laß ich mich einfach führen, ich denke nicht. Jeder identifiziert sich auf seine Weise mit diesem Tanz: weil die Musik schön ist, weil der Tanz schön ist, egal warum. Aber einen Schritt tiefer kommt die generelle Frage nach dem Tango: Was bedeutet dieser Tanz? Es geht nicht nur um die Schritte, nicht nur darum, daß der Mann führen muß und daß die Frau sich führen läßt.

*Es ist geht Dir auch um eine geistige Auseinandersetzung.*

Die philosophischen Fragen um Tod und Leben, um Einsamkeit. Man möchte sich nicht immer nur mit Computern oder Technologie umgeben; man möchte wirklich auch leben. Und damit hat Tango viel zu tun. Daran glaube ich sehr stark. Obwohl, in Buenos Aires sagen manche, der Tango sei dekadent, weil Leute, die Tango tanzen, oft stark rauchen oder Drogen nehmen, oder sie trinken Wein, damit sie vergessen. Sie sind betrunken oder nachts viel unterwegs. Tango ist ja normalerweise ein Nachttanz, bis morgens fünf oder sechs Uhr. Oder viele Leute spielen, verlieren viel Geld und haben dann nichts mehr zu essen.

*Im Tango gibt es immer wieder existentielle Typen, die sich richtig in die Sache reinhängen. Das kann ich mir schon vorstellen.*

Aber es ist auch die Dekadenz des Lebens. Im Tango ist alles offen. Tango ist ein großes Spiel und ein großer Reflex. Also, eine Sache ist die Dekadenz, auch als Bild vom Tango. Das andere ist das Positive, daß sich Tango immer weiter entwickelt.

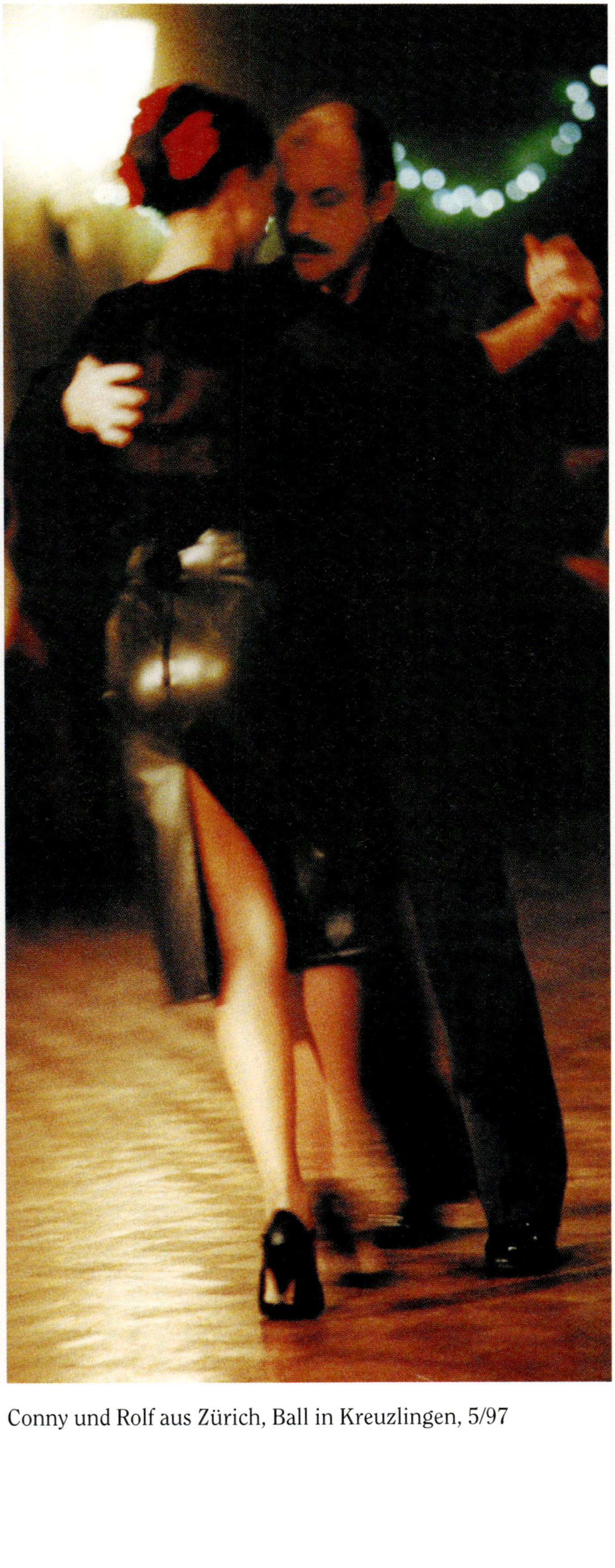

Conny und Rolf aus Zürich, Ball in Kreuzlingen, 5/97

*Und glaubst Du, daß das auch damit zusammenhängt, daß die ganz Jungen eigentlich noch nicht so ansprechbar sind auf Tango? Zum Tango gehört doch eine gewisse Reife, das Leben schon deutlicher erfahren zu haben.*

Genau, Tango wird dann interessant, wenn die existentiellen Fragen kommen, während die Modetänze, Techno oder andere Sachen, Rap, Hip-Hop doch eigentlich zur Jugend gehören.

*Es gehört zum Tango schon eine gewisse Nachdenklichkeit, ein Bewußtsein auch, eine gewisse Lebenserfahrung.*

Früher, z.B., als ich so ungefähr 2o Jahre alt war, da hab' ich viel in Discos getanzt. Ich habe mich verrückt gemacht, ich war immer in Discos; es gefällt mir sowieso, das Tanzen: Disco, Musik aus den USA und Bee Gees und so weiter und so fort. Jetzt kann ich fast keine Discomusik mehr hören, Techno sowieso nicht. In zehn Jahren hat sich mein Geschmack total verändert. Jetzt möchte ich gerne Musik von den verschiedenen Ländern hören, Folklore, zum Beispiel indische Musik oder Jazz oder afrikanische Musik. Ich mag gerne viele Musikrichtungen, aber nicht Discomusik oder diese USA-Musik. Die Folklore von meinem eigenen Land ist auch wunderschön.

(Gesprächsunterbrechung)

Wir haben darüber gesprochen, welche Leute Tango tanzen, vom Alter her. Auch in Buenos Aires ist es sehr schwierig, die Jungen, 18- oder 14-jährige dafür zu begeistern. Kaum. Jetzt kommen wieder mehr als zuvor.

*Ist das wieder so eine Rückkopplung von Europa her?*

Ich glaube, Europa spielt eine große Rolle bei uns. Wir haben immer in unserer Geschichte, nicht nur im Tango, ein großes Augenmerk auf Europa gerichtet. In Buenos Aires gibt es eine Vorstadt, die heißt La Recoleta, die sieht aus wie Paris. Und viele Verwandte kommen aus Spanien und Italien, aus Frankreich ein paar, aus Deutschland auch ein paar. Unsere Mutter ist Spanien, auch als Sprache. Wir haben immer nach Europa geschaut: Oh, Europa! Alles, was von Europa gekommen ist, war am besten. Wenn Du nicht nur bekannt im Inland bist, sondern auch außerhalb, in Europa: Das ist wunderbar; dann bist Du wer!

Carlos Cardel

Beim Tango ist es genau dasselbe. Cardel war das große Einzelphänomen für uns. Er lebte in Buenos Aires und war der beste in den 100 Jahren, seit es Tango gibt. Er war in vielen Ländern und ist fast überall bekannt. Cardel war für uns eine große Möglichkeit, Tango zu vermitteln. Und dann kamen natürlich die Orchester etwa um die gleiche Zeit nach Europa, nach Paris, Berlin, London, die großen Städte. Tango war auch in anderen Ländern bekannt, was für uns sehr wichtig war und noch wichtig ist.

*Weil Du von Argentinien gesprochen hast: Der Tango hätte ja nur in Buenos Aires entwickelt werden können, zum Beispiel nicht in Brasilien. Warum ist das so? Was ist das spezielle Tango-Ambiente und -Gefühl in Bezug auf Buenos Aires, in Bezug auf Argentinien? Was ist daran argentinisch? Er hätte nicht in Rio de Janeiro entwickelt werden können, oder?*

Nein, und merkwürdig ist, warum er nicht in Uruguay entwickelt worden ist, in Montevideo, obwohl viele Komponisten aus Uruguay kommen. Ich glaube, es hängt damit zusammen, weil die Wirtschaftskraft von Buenos Aires größer ist oder sich mehr entwickelt hat. Eigentlich ist es das gleiche Ambiente wie in Montevideo. Ich weiß nicht, warum das so ist. Rio de Janeiro, ganz Brasilien sowieso, besitzt eine sehr starke Populärmusik. Und die Leute tanzen schon von Anfang an, selbst die Frauen, wenn ihre Kinder noch im Bauch sind. Es gibt ein ganz anderes Klima und auch viel Strand. Von der Atmosphäre kann ich es mir für den Tango nicht vorstellen; es ist viel zu fröhlich.

*Der Tango ist zwar in einem südlichen Land entwickelt worden, aber in einem südlichen Land, das auch den Winter kennt. Hat es etwas mit dem Nordischen zu tun, hat es was mit der Kälte zu tun, hat es mit dem Gedanklichen zu tun? Gibt es da auch eine Rückkoppelung wieder zu einem nordischen Element? Ist das Feuer, was da drin ist, gefaßt in einer Geometrie? Tango bedeutet ja nicht nur einfach Energie rraussprühen, weggeben. Wenn ich die Leute in Brasilien tanzen sehe, dann sieht das so aus, als gehe die Energie einfach so durch. Beim Tango ist die Energie ja gehalten. Ist das vielleicht ein interessantes Element?*

Also, zuerst einmal ist Tango ein Paartanz. In Brasilien gibt es Paartänze und auch Tänze, die man allein tanzt, zum Beispiel Samba. Ich war bei einem Karneval in Brasilien, und wenn ich andere Tänze kennenlerne, mache ich immer einen Vergleich mit dem Tango. Tango hat viel von der Habanera, also vom schwarzen Rhythmus. Samba: was ich beim Karneval in Rio gesehen habe, ist, daß alle alleine getanzt haben, nicht zusammen. Ich war auch in Belém. Belém ist 50 Kilometer von Ecuador; sie haben in dieser Region viele, viele Tänze paarweise getanzt. Zum Beispiel ist Lambada ein Paartanz.

*Was sind das für Elemente beim Tango? Es kommt was Südliches und etwas Nordisches zusammen, oder? Es ist irgendwie beides drin: Kälte und Feuer, beides, oder?*

Genau. Ja, in Buenos Aires, oder schon wenn die zweite Provinz Süd kommt, ist es richtig kalt. Also in Buenos Aires ist wirklich Wind, aber nicht so kalt wie hier, und richtig Sommer, aber nicht so warm wie in Ecuador, zum Beispiel. Es kann sein, daß es einen guten Wind und ein guten Sommer gibt, sozusagen. Es regnet viel im April, wenn der Herbst kommt.

*Im April ist bei Euch Herbst? Ja klar, stimmt!*

Ich habe es nicht gedacht: Aber die Geometrie bestimmt das Design des Tango; andererseits enthält sie auch das Feuer, das der Tango hat. Ich weiß nicht, wie man diese Mischung beschreiben kann.

*Ja, es ist eine Mischung von beiden Elementen.*

Was bedeuten diese Bewegungen im Tango? Ich vermute, daß die Musik eine starke Bedeutung hat. Zuerst war immer die Musik, und dann kam der Tanz. Also, die Musik bestimmt den Tanz. Du kannst nicht Salsa tanzen auf Tangomusik; das paßt nicht, oder Rock'n'Roll zum Beispiel. Ich habe früher oft gedacht, daß Tango ein Tanz oder ein Phänomen des Exils ist.

*Das ist aber doch die Situation des modernen Menschen, die Heimatlosigkeit, hinausgeworfen aus der Heimat, zu der er sich zurücksehnt.*

Genau! Viele Leute, die auf dem Land in Argentinien gewohnt haben, sind in große Städte, zum Beispiel nach Buenos Aires, gezogen, wegen der Arbeit, wegen der Industrie. Als z.B. Perón kam nach dem Zweiten Weltkrieg, gab es eine Revolution, eine Diktatur wie unter Hitler oder Mussolini, aber auch die Industrialisierung der großen Städte. Und viele Landbewohner sind nach Buenos Aires gekommen. Das ist wahrscheinlich die zweite Emigration. Aber vor dem Ersten Weltkrieg gab es die große Einwanderungswelle von den Ausländern nach Argentinien.

*Ende des letzten Jahrhunderts.*

Ja, Leute, die in Buenos Aires gewohnt haben, waren eine Mischung aus Menschen vom Land, von der Stadt und von Ausländern. Da gab es schon die erste kleine Industrialisierung. Und dann kam die zweite große, als Perón kam. Damals sind viele Leute vom Land nach Buenos Aires gekommen. Es waren nicht so viele Leute vom Ausland, sondern von unserem Land. Und es war eine tolle Mischung: einerseits die Leute aus der Provinz, anderseits aus Italien, Deutschland oder Frankreich oder Spanien, die ihre Heimat verlassen mußten aus Armut oder so. Ich kenne viele solcher Leute, die in Buenos Aires wohnen. Die erzählen immer: Ich hatte kein Geld, ich hatte keine Arbeit, ich mußte wegen des Krieges fliehen. Viele Leute, die zufällig in Argentinien waren, die sagen: Verrückt, wie das Exil unser Leben verändert hat! Wir kapieren das nicht. Ich kenne viele Leute, die in Israel gewohnt haben. Sie kamen nach Südafrika und sind dort geblieben, obwohl sie in ein anderes Land wollten. Merkwürdig, oder? Ich kenne auch einen Italiener, er wohnte in unserer Provinz, in Patagonien. Er wußte genau, wo er hinziehen wollte. Er dachte sich: o.k., Australien oder Argentinien. Aber viele von hier in Europa haben Argentinien oder Amerika gesehen als große Illusion, sozusagen. Argentinien war angesehen als die große Zukunft. Und so war es auch. Es ist ein Land, das sehr reich ist. Da kann man schon viel machen. Deswegen ist, glaube ich, dieser Tango ein Phänomen der Leute, die im Exil leben und der von ihnen abstammenden Generationen.

*Wird der Tango die Welt erobern? Wird der Tango sich weiter ausbreiten noch über die ganze Welt?*

(augenzwinkernd) Zum Glück, ja, weil wir dann noch mehr Arbeit haben. Dieser Tanz ist einfach eine Zauberei, so ein bißchen Verzauberung. Leider bin ich in 50 Jahren nicht mehr da, um zu sehen, wie sich das entwickelt, wenn die Welt noch weiter existiert.

*Laß uns auf den Punkt doch noch mal kurz schauen: Kann denn Tango zur Rettung der Welt etwas beitragen?*

Nein.

*Warum nicht?*

Nein. Tango ist ein großes Phänomen. Aber Tango hat nichts damit zu tun, daß Leute in dieser Welt Macht haben, verstehst Du? Die USA hat die Macht, die Wirtschaftsmacht, die Wissenschaftsmacht. Tango kann etwas Hilfe leisten in der Not, aber nicht retten.

*Bist Du pessimistisch?*

Das ist der Pessimismus des Tango, die Traurigkeit, daß alles verloren ist, daß man nichts machen kann. Hast Du „Cambalache Tango" gelesen? Da wird eine „porgueria" beschrieben; das ist die Scheißwelt.

*Das kann man ja auch so sehen, daß die Erde ein Jammertal ist. Aber trotzdem ist doch auch die Kreativität im Tango drin. Und die Kreativität und die Kunst sind doch eigentlich die Kräfte im Menschen, die etwas Neues schöpfen können, und die auch eine neue Welt schöpfen und schaffen können.*

Ich verstehe, was Du meinst.

*Die Welt, die wir jetzt haben, ist ja auch von Menschen geschaffen worden. Die Weise, wie ich eine Sache mache, kann ich als Mensch immer bestimmen. Ich mag zwar diese Melancholie, und ich mag das Nachdenkliche. Aber ich mag mich nicht damit zufriedengeben, daß ich in dieser Welt nichts machen kann.*

Nein, nein, Du kannst etwas machen, aber es ist sehr begrenzt.

*Klar, jeder hat seine Fähigkeiten. Natürlich sind die nicht unendlich. Daß im Moment Amerika mit seiner Un-Lebensart – das ist ja fast keine Art, es ist ja eine Un-Lebensart – so über die Welt hinwegschwappt und alles in seinen großen Magen reinsaugt, das ist ein Faktum. Aber damit ist doch die Welt noch nicht am Ende.*

Nein, nein. Jeder hat seine Meinung. Und Deine Meinung ist in Richtung mehr Menschlichkeit, mehr Kreativität. Aber ich denke schon, seit ich an der Uni Politik studierte – und jetzt leider noch mehr als vorher –: Alles wird wegen des Geldes gemacht.

*Das war nicht immer so. Das ist unsere Zeit. Unsere Zeit wird vom Mammon zerstört, vom Geld; da hast Du recht. In der Analyse sind wir uns einig. Aber mir gibt der Tango etwas, so daß ich auch in die Welt wieder mit einer ganz anderen Kraft gehe. Wie soll ich das sagen? Der Tango macht mich beweglicher, macht mich gefühlvoller, macht mich menschlicher. Ich habe das ja auch geschrieben in dem Text: Jeder Mensch hat doch irgendwo im tiefsten Innern die Sehnsucht, über den Zustand, wie er ist, hinauszukommen, den Zustand zu transzendieren. Das ist eine alte, romantische Vorstellung, natürlich, klar! Aber weißt Du, damit einfach wieder Bewegung in die Seelen kommt, in die Herzen.*

Ja, in jedem Land bedeutet der Tango für die Leute etwas anderes. Viele Leute in Buenos Aires denken, daß der Tango dekadent ist. Aber auf der anderen Seite ist der Tango ein Tanz, der sich entwickelt. Er hat keine Grenzen als Tanz, es ist ein kreativer Tanz. Und viele Leute identifizieren sich mit dieser großen Quelle, die der Tango hat. Und trotzdem siehst Du viele Leute, die durch den Tango kaputtgegangen sind. Sie haben keine Lust mehr zum Tanzen, sie wollen nur arbeiten, und nicht mehr tanzen: Ich habe keine Zeit, ich bin immer im Streß. Oder wenn sie keine Arbeit haben, gehen sie zum Tanzen und trinken. Ich habe z.B. alles für den Tango zurückgelassen: die Uni, mein Studium. Und ich kenne auch viele Leute, die das so gemacht haben. Aber

für unsere Eltern ist das total verrückt: Mit dem Studium, mit der Karriere, da kannst Du Dich entwickeln oder wachsen, mit dem Tango nicht, sagen sie.

*Ich möchte Dir als Argentinierin nicht zu nahe treten. Aber ich würde doch mal den Gedanken jetzt einfach riskieren und sagen: Vielleicht kann tatsächlich eine Bewegung zurück nach Buenos Aires erfolgen. Es könnte ja sein, daß der Tango in Argentinien in gewisser Weise dekadent geworden ist und daß er jetzt einfach einen neuen Anschub, eine neue Anregung von außen braucht. Die könnte doch unter Umständen von hier kommen, von Europa. Vielleicht kann der Tango hier unbefangener aufgegriffen werden und mit neuen Ansätzen und neuen Aspekten zurückwirken auf Argentinien?*

Ja, warum nicht? So, wie der Tango heute bei uns gelebt wird, ist er auch schon viel lebendiger als vorher. Das ist der große Vorteil, der aus dem Austausch mit Europa und den USA kommt. Die andere Sache ist, daß unser Tango aus politischen Gründen von der Diktatur verboten war. Die haben alles mögliche verboten, was ja auch ein bestimmter Ausdruck ist. Unser Tango hat eine sehr schöne Möglichkeit zu „sprechen“, was man in anderen Sprachen nicht ausdrücken kann; es ist einzigartig.

*Warum hat man ein Mittel der eigenen Identität verboten? Das ist ja dumm.*

Ja, aber Du weißt, was ein Politiker ist? Wenn sie Diktatoren sind, verbieten sie alles.

*Die Diktaturen waren ja Rechtsdiktaturen, die das Nationale hochhalten. Wenn der Tango nationaler Ausdruck ist, warum verbieten sie den dann?*

Das Problem ist, daß sich der Tango einer Umgangssprache bedient und viel Wahrheit von unserer Realität aufdeckt. Die andere Sache ist, daß diese Umgangssprache, das Lunfardo, geboren wurde im Gangstermilieu. Diebe haben im Gefängnis das Lunfardo entwickelt als Geheimsprache.

*Der Tango hat ja auch etwas Anarchisches.*
*Ich möchte Dir gerne noch ein Zitat vorlesen von einer alten Tango-Tänzerin, Calderón. Sie spricht hier über die Rolle der Frau im Tango, was sich aber sehr extrem anhört. Sie spricht davon, daß die Tänzerin den Tänzer begleiten können muß: „Sie geht instinktiv mit. Das ist eine natürliche Sache, ich kann es nicht erklären. Die Frau ist dazu verpflichtet, ihm zu folgen. Der Mann ist der Schöpfer.“[2]*

Aber, weißt Du, diese Frau hat in den 30er Jahren getanzt.

*Gut. Aber ist die Qualität des Geführt-Werdens etwas typisch Weibliches?*

**„Der Tango ist ein Tanz aus Cortes, wie aus Pinselstrichen eines Malers, der ein Bild malt. Sie folgt den Schritten und verziert sie dabei.“**
**Carmen Calderón**

Gute Frage. Ich glaube, es ist von Natur aus normal, daß der Mann führt. Daß die Frau sich führen läßt, ist eine Frage der Natur: Der Mann ist stärker von Natur aus als die Frau, insgesamt.

*Ja gut, mal abgesehen von der biologischen Kraft. Ist es denn weiblich, geführt zu werden?*

Ich kenne nur einen Grund, warum der Mann führen muß und die Frau sich führen lassen muß: den biologischen. Die Frau kann auch führen. Aber der Tanz ist so, finde ich, nicht nur im Tango, in vielen Tänzen, daß die Frau sich führen lassen muß. Bei der Salsa ist es so, beim Rock'n'Roll ist so, im Jazz ist es so. Und von Natur aus hat die Frau, glaube ich, ein anderes Selbstbewußtsein von ihrem Körper. Ich weiß nicht, warum das so ist. Schon die Umarmungsgeste des Mannes ist so, um zu führen. Ich weiß nicht, keine Ahnung.

*Geheimnis ... Die ganze Emanzipationsbewegung hat es ja mit sich gebracht, daß die Qualitäten eigentlich vermischt werden: Das Weibliche ist nicht mehr richtig faßbar, das Männliche ist nicht mehr richtig faßbar. Ich frage mich aber, inwieweit eben das Geführtwerden etwas Weibliches ist, wobei ich immer denke, daß auch*

Juan Carlos Castagnino, Buenos Aires, Anfang der 60er Jahre

*jeder Mann weibliche Anteile hat und jede Frau männliche Anteile. Aber ich glaube, daß wir da im Tango die Möglichkeit haben, diese Qualitäten wieder zu erfahren. Es ist ein Qualitätsunterschied, ob ich führe oder ob ich geführt werde; es ist eine andere seelische Gebärde. Warum tanzen die Frauen, wenn sie geführt werden, viel eher mit geschlossenen Augen als Männer? Du brauchst eine andere Aufmerksamkeit beim Führen, als wenn Du geführt wirst. Es ist eine andere seelische Geste. Ich glaube, daß wir diese Qualitäten im Tango wieder neu entdecken und erfahren können, aber daß es kein Modell für das übrige Leben ist.*

Die Rolle, die der Mann hat, zu führen, und die Frau, sich führen zu lassen, bedeutet eine Ergänzung, die es in jeder Rollenverteilung gibt und die natürlich auch umgekehrt möglich ist. Wenn die Frau sich nicht führen läßt, kann der Mann nicht führen und umgekehrt. Aber ich glaube, es ist auch so von Natur aus; also ich komme noch mal auf die Natur, weil es der einzige Grund ist, den ich finde, um Deine Frage zu beantworten.
Z.B. ist es auch so, daß die Frauen Kinder bekommen; die Männer bekommen keine Kinder, und deswegen bewegt sich der Mann mehr draußen, um zu arbeiten. Viele Männer gehen aus der Wohnung raus zum Arbeiten. Oder ich weiß nicht was: Die Männer sind zum Beispiel Matrosen. Es gibt keine Frau, die Matrose ist. Die Männer müssen in den Krieg oder ins Militär, die Frauen nicht. Ich frage mich, ob die Frau das auch machen müssen oder können. Warum machen das die Männer?

*Nein, die Männer müssen auch keinen Krieg machen. Das wäre doch viel besser.*

Ja, das ist sowieso klar. Aber ich frage mich jetzt, warum die Frau diese Rolle übernimmt, zu Hause zu bleiben und für die Kinder zu sorgen? Es ist ja nicht so, daß der Mann das nicht machen kann. Die Frau könnte hinausgehen und der Mann beim Kind bleiben.

*Es war, soweit ich weiß, in früheren Zeiten auch mal umgekehrt. Die Amazonen waren ja Frauen, die mehr draußen waren. Also es hat Zeiten gegeben, wo es anders geregelt war. Da waren die Amazonen die Kriegerinnen, und die Männer vielleicht zu Hause, ich weiß es nicht. Das war vor der abendländischen Entwicklung.*

Ich glaube, im Tango verändert sich permanent diese Rolle. Es ist zwar die Essenz des Tango, daß der Mann führt und die Frau sich führen läßt. Aber alleine in der Zeit, in der ich das beobachte, ist es anders geworden. Ich fühle jetzt als Frau, daß die Männer fast nicht mehr führen. Er geht einfach, und ich gehe mit. Ich finde das ganz toll, weil es noch mehr eine Ergänzung der Rollen ist.

*Also Du hast als junge, moderne Frau damit kein Problem, mit dieser Rolle beim Tanz?*

Nein, für mich ist es klar. Ich fühle mich nicht als Begleitung, wie viele Leute hier in Europa, in Deutschland, die ich unterrichtet habe.
Wenn ich mit den Frauen alleine arbeite, fühlen sich die Frauen versetzt, fühlen sich verlassen in ihrer Rolle. Es gibt kein Tango ohne Paar. Ich mache immer meine Übungen in Beziehung zum Mann, immer. Natürlich gibt es auch ein paar Sachen für die Frau, z.B. daß sie das Gleichgewicht halten oder Verzierungen machen kann; das gehört nur der Frau. Aber ich bemerke jedesmal, wenn ich die Übungen für die Frauen mache: Du mußt mit einem Mann tanzen, nicht Du mußt, Du tanzt mit einem Mann.

*Du machst also nicht Kurse, wo nur Frauen sind?*

Doch, für Frauen, die noch mehr von der Frauenrolle wissen wollen, mache ich das. Aber es geht ja nicht um die Frauen. Ich sage immer zu ihnen: Danach müssen wir mit einem Mann tanzen. Das ist mein Ziel.

*Amira, ich danke Dir für das interessante und schöne Gespräch!*

Anmerkungen
1. Gerrit Schüler: Tango zwischen Emanzipation und Erotik, sozialpsychologische Aspekte im epochalen Vergleich, Diplomarbeit 1994, Auszüge aus dieser Arbeit sind hier publiziert, vgl. „Wesen und Werden ..."
2. Gabriela Hanna: Asi bailaban el Tango, Berlin 1993, S. 36

# Tango-Bilder von Elisabeth Luchesi

„Fantasia“ 1997
Acryl auf Papier (Auschnitt)

„Ein Tango schreibt sich mit einem Finger,
wenn die Seele dabei ist.
Der Tango ist die versteckte Intimität,
ein nackter, aufsteigender Schrei.
Der Tango ist in der Luft wie Luft
im gebogenen Flug der Vögel,
im bröckelnden Verputz einer Backsteinmauer.
Man findet ihn an der entferntesten Straßenecke ebenso,
wie in jener Ecke, die Dein und mein Herz bilden."

Enrique Santos Discépolo (1901 - 1951)

„Tango Argentino“
1995
Acryl auf Nessel
(Auschnitt)

Aus der Mappe „Tango Argentino“ 1992
fünf Offsetdrucke nach Tuschzeichnungen

„Tango“ 1995
Acryl auf Lwd.
(Auschnitt)

Aus der Mappe „Tango Argentino“ 1992

„Tango Azul" 1990
Acryl auf Nessel

Historische Graphiken (20er bis 50er Jahre) aus Titelblättern von Tango-Noten, im folgenden auch in der Abhandlung von Gerrit Schüler

GERRIT SCHÜLER

# WESEN UND WERDEN DES ARGENTINISCHEN TANGO

„Der Tango ist das, was dem Land am ähnlichsten sieht, wie er übrigens auch der Liebe zweier Personen am ähnlichsten sieht, und zwar je mehr sie ihn zerstören möchten.“
Juan Carlos Copes

## DIE GESCHICHTE DES TANGO

Drei Geschichten des Tangos möchte ich erzählen, eine argentinische, eine französische und eine deutsche. Es gibt viele andere Orte, an denen der Tango einmal zuhause oder auf der Durchreise war ...

### Eine argentinische Angelegenheit

Der Tango ist zunächst einmal eine argentinische Angelegenheit und nicht aus unserer deutschen Welt. Dennoch haben sich in ihm die Kulturen der Welt vermischt, zumal diejenigen, die in der Geschichte zum rechten Zeitpunkt am rechten Ort aufeinandertrafen. Sie geben ihm dadurch sein typisches Gepräge. Eine argentinische Angelegenheit ist noch zuviel gesagt – eine Angelegenheit der Menschen in und um Buenos Aires, der Porteños und all der vielen, die von einem der großen Schiffe, mit dem sie übers Meer gefahren waren, in La Boca, dem Hafen von Buenos Aires von Bord gingen ...

Was sie vorfanden, war eine Situation von Mangel und Überfluß zugleich, ein Mangel an Arbeit, Geld, Sicherheit und Frauen – ein Überfluß an Menschen, Träumen und Kulturen.

Schuld war das Einwanderungsgesetz, welches Menschen aus aller Welt lockte und verführte, die Pampa zu besiedeln, vor allem Männer, die ihre Frauen zunächst in ihren Heimatländern zurückließen. Viele von Ihnen blieben in Buenos Aires hängen, die ehemals provinzielle Hauptstadt wurde zum Schmelztiegel verschiedenster Kulturen.

In dieser Atmosphäre von Entwurzelung und Heimatlosigkeit, Enttäuschung und Verzweiflung, Hunger und Enge, aber auch Hoffnung, beginnt für viele Menschen ein neues Leben, jeder mit seinem Stück Kultur im Gepäck, welches sich vermischt mit dem, was es bereits gibt, und mit dem, was die anderen bringen. Gemeinsam ist allen die Erinnerung an ein verlorenes und idealisiertes Gestern.

Das, was diese Gesellschaft zusammenhält, beschreibt Reichardt (1984) als ein *„ dichtes Netz von Konflikten, die zu den absonderlichsten Koalitionen und Widersprüchen geführt haben.“* (S.42) In dieser Zusammenkunft von Unterschiedlichem, Gegensätzlichem und Unvereinbarem, von Stabilität auf der einen und radikalem Umbruch auf der anderen Seite, diesem *„Glücksfall von Paarung, die mehr Kampf als Liebe war.“* (Aravena, 1989, S.13), liegt die Möglichkeit des Neuen und der Kreativität verborgen. Hier besteht die Chance und die Notwendigkeit, daß aus vielem Bestehenden ein neues Ganzes ensteht; denn Kunst erschafft das, was man nicht hat, eine eigene Welt, und ähnelt hierin dem Traum.

Aus den Widersprüchen und der Not, sowohl materieller als auch emotionaler, konnte ein so komplexes Phänomen wie der Tango entstehen und es ist nicht leicht, vermutlich sogar unmöglich, die Fäden wieder zu entwirren, die sich zu diesem kreativen Knoten zusammengezogen haben.

Es entsteht, wie in jedem städtischen Leben, eine eigene Infrastruktur, die den Lebensbedingungen und den Bedürfnissen der Menschen in ihrer Lebensituation Rechnung trägt. Es entstehen öffentliche Orte der Versammlung, Cafés, Kneipen, Bars und Bordelle, Tanzlokale, die gleichzeitig Orte kulturellen und sprachlichen Austauschs werden – oder sogar zur zweiten Heimat. Typisch auch, daß diese Stätten des Vergnügens

GARUFA
TANGO
Gran Creación de TITA MERELLO
LETRA DE
Roberto Fontaina y V. Soliño
MÚSICA DE
Juan Antonio Collázo
COLECCIÓN DE ÉXITOS
10 - 12 - 1952
Queda hecho el depósito que marca la ley 11.723
Editorial Musical
ALFREDO PERROTTI
1148 - Cevallos - 1152 - Buenos Aires
EDITORIAL MUSICAL
ALFREDO PERROTTI
Precio de Venta $ 3.50

und der Lust im Dunkel der Nacht versteckt werden, daß sie nur dort geduldet werden und sie auch nur dort das Ambiente des Halblegalen finden, welches ihren Reiz ausmacht (Schlör, 1991).
Das besonders zahlreiche Entstehen von Bordellen und zweideutigen Bars vor allem in der Hafengegend La Boca, mit *„halbgeöffneten Türen in dunklen Straßen, von denen aus die Dirnen, die keine Lizenz hatten, den Passanten nachpfiffen“* (Melancholie der Vorstadt, 1982, S. 36), läßt sich darauf zurückführen, daß im Zuge der Einwanderung nur etwa ein Drittel Frauen und zwei Drittel Männer ins Land kamen.

Innerhalb der traditionellen Vorstellung von der Ehe als einziger sozial anerkannter Form der sexuellen Begegnung und innerhalb des entstehenden marktwirtschaftlichen Systems ist die käufliche Frau, d.h. die Prostituierte, der jedoch keinerlei soziale Würde zusteht, die naheliegenste Lösung für das bestehende Problem. Mit dem Entstehen von Bordellen wächst sich auch das Zuhältertum zu einem wahren Berufsstand aus. Auch unter den Prostituierten finden sich viele Europäerinnen, die der Hoffnung auf ein besseres Leben gefolgt waren und nun in der Prostitution, einem Gewerbe, in dem Männer große Macht hatten, ihr einziges Auskommen fanden. Die Geschichte der 'Galleguita', der kleinen Spanierin ist eine solche. Sie geht allein in die Fremde, in der Hoffnung ein wenig Geld für sich und ihre Mutter sparen zu können. Im 'Pigall' scheitert und endet sie.
Der frühe Tango kann aus dem massiven Frauenmangel heraus und sichtbar in seinen eindeutigen Figuren als ein Ersatz für den Geschlechtsakt interpretiert werden. Ein Tanz ist jedoch nicht nur billiger, sondern drückt auch mehr die Sehnsucht des Heimatlosen nach Liebe und Geborgenheit aus, macht das Fehlen von Wärme schmerzlich bewußt und bietet eine zärtliche Umarmung zum Ausgleich. Hierdurch erklärt sich, warum im Tango niemals das Obszöne über das Traurige triumphieren konnte. Der erste bekannte und notierte Tango „Dame la lata“ d.h. „Gib mir das Blech“ ist Ausdruck dieser Zeit, in der Tangos noch anonym veröffentlicht wurden, in der selbst ein Tänzchen durch eine am Eingang erstandene Blechmarke erkauft werden mußte.
Dieses ist das Milieu, in dem der Tango entsteht, in dem aus vielen verschiedenen Sprachen, vielen verschiedenen Tänzen, vielen verschiedenen Liedern, aus der Not miteinander auskommen zu müssen, der Sehnsucht nach Nähe und der Lust, eine neue Musik und ein neuer Tanz entstehen. Diese sind niemals nur Ausdruck einer Not, sondern auch eines aktiven Lebenskampfes, der die Hoffnung nicht verloren hat.
Borges spricht diesen Gedanken folgendermaßen aus: *„Der Tango drückt direkt etwas aus, was die Dichter unterschiedlicher Epochen mit Worten sagen wollten: die Überzeugung, daß Streiten ein Fest sein kann.”* (zitiert nach Alifano, 1985, S. 122, Übersetzung der Verfasserin)
*„Der Tango verkörperte die wesentlichen Charakteristika des Landes, in dem wir leben: die Ungerechtigkeit, die Sehnsucht, die Trauer, die Frustration, die Dramatik, die Unzufriedenheit, den Groll und das Problematische.“*
(Salas, 1986, S.16, Übersetzung der Verfasserin)

## Tango im Moulin Rouge

„Es sind die Träume, welche die Menschen träumen, die den Glanz, die Hoffnungen und die Niederlagen der Geschichte ausmachen. In den Zwanziger Jahren wurde viel und kühn geträumt.“
(Bruno Werner, 1962)

Die Wege, auf denen der Tango um die Jahrhundertwende nach Paris gelangte, sind umstritten, wobei sich die verschiedenen Theorien weniger ausschließen müssen als ergänzen können. Der Verkehr zwischen den Welthäfen und der Mädchenhandel sind gewissermaßen durchlässige Stellen für neue kulturelle Einflüsse, was den Tango in Paris bekannt gemacht haben könnte. Als sicher gilt, daß das Ehepaar Gobbi 1907 gemeinsam mit Villoldo für die Aufnahme von Platten nach Paris kam, was in Argentinien zu jener Zeit noch nicht möglich war, wobei Villoldo nach Buenos Aires zurückkehrte, das Ehepaar Gobbi hingegen bis 1914 in Paris blieb und sich dort dem Tango widmete (Ferrer, 1980). Er kümmerte sich um die Veröffentlichung vieler Tangos, gründete ein eigenes Label. Sie, Flora Rodriguez, war bereits in Buenos Aires und Montevideo eine bekannte Sängerin gewesen und sang nun auf den Bühnen von Paris Tangos nach Interpretationen und Kompositionen ihres Mannes.
Der Erfolg der Gobbis sprach sich herum und alsbald kamen mehr Tangomusiker nach Paris, die Immigranten von einst, die in Buenos Aires nie wirklichen Erfolg hatten, noch haben konnten, da der Tango immer noch geächtet, unterdrückt oder sogar verboten war. In Paris, in der Rückkehr also, witterten sie die Chance, von dem zu leben, was sie machten – Musik und Tanz.
War der Tango in Buenos Aires harten Repressionen ausgesetzt, die jedoch auch einen wichtigen Teil seiner

inneren Natur bildeten, so galt er in Paris als schick, extravagant und exotisch, gerade die Unanständigkeit gab ihm etwas prickelnd Reizvolles. Bereits um 1910 verfiel Paris dem Tango-Fieber ...
Es folgt die Eröffnung von Akademien und Tanzschulen, von Argentiniern bzw. Rückwanderern geleitet, in denen sich schnell eine neue Art des Tanzens herausbildete – eben eine pariserische Art, den Tango zu tanzen.
Die Tango-Welle in Paris, als mode- und meinungsbildende Weltstadt, bleibt in anderen Teilen der Welt nicht unbemerkt, weder in anderen europäischen Großstädten (London, Berlin, Amsterdam), noch in Buenos Aires, wo der Tango erst jetzt, auf dem Umweg über Paris, soziale Anerkennung findet.

Anders als in Buenos Aires, wo die Bordelle und Varietés im Schmutz der Vorstadt angesiedelt waren, frönen die Pariser ähnlichen Gelüsten und Bedürfnissen, jedoch in sozial anerkannter Form, in den Varietés wie dem Moulin Rouge und den Folies Bergères, in denen die Frauen ihre Beine zeigen und der Großherzog zusehen darf. Hier ist ein Ort, an dem auch der Tango gedeihen kann, in der Verbindung des Obszönen und der Lust mit der Etikette und dem Kultivierten, parallel mit der Befreiung der Frau vom Korsett, indem er zur Mode und zum Kunstwerk stilisiert wird. Natürlich verliert er an dieser Stelle das Revolutionäre und Sehnsüchtige, aus dem er entstand. Das Anrüchige, was bleibt, gefriert zur Pose, Anrüchigkeit um der Wirkung Willen, nicht aus Protest oder Not.
In seiner Hochzeit, etwa zwei Jahre vor Ausbruch des Krieges, gipfelt der Tango-Kult in Tango-Tees, in farbenfrohen, schmalgeschnittenen und hochgeschlitzten Tango-Kleidern, ja sogar der Tango-Farbe, einem blassen Orange-Rot – der Tango wird zum 'le tango'.
Hier, vertreten durch die Oberschicht Paris', kann er sich sogar dem kaiserlichen und päpstlichen Verbot von 1913 entziehen und widersetzen.
Dabei hat sich immer mehr der Tanz als die Musik durchgesetzt, die nicht nur ungewohnt, sondern unverständlich war für ihr neues Publikum, durch das Lunfardo selbst für diejenigen, die die spanische Sprache beherrschten. Musik und Text wurden als ein Anhängsel des Tanzes mitgeschleppt, es erschloß sich, was gefühlsmäßig zu erschließen war. Ein großes Stück Geschichte jedoch verschwand aus dem Bewußtsein.
Der Tango als inszeniertes Stück von Macho-Look, streng gelernten Schritten, in Szene gesetzten Ohrfeigen und Fußtritten und der Unterwerfung und Koketterie der Frau, weit entfernt von dem 'Schönen und Guten', von dem der Tänzer Marquez uns erzählt hat, bekommt hier als Ausdruck des neuerlichen Stimmungswandels bereits einen unverkennbaren theatralischen Stil. Dieser bleibt später am europäischen Tango haften, welcher in seinen festgelegten Schritten das tänzerische Grundprinzip des argentinischen Tangos, die Improvisation, aufgibt.

## Deutsche Offiziere tanzen Tango

Das Deutschland von 1900 ist, wie viele europäische Länder, von industriellem und technischem Wachstum geprägt, nimmt in diesen Dingen international eine bedeutsame Stellung ein und wird kulturell vor allem durch Paris beinflußt. Der Kaiser verbietet seinen Offizieren, in Uniform Tango zu tanzen. Daß sie ihn tanzen, kann er ihnen nicht verbieten, und so gibt es hier zwei deutlich unterschiedliche Strömungen, anders als im international geprägten Paris.
Die Zeit Wilhelms II., ein Anachronismus, den Deutschland sich leistet, ist geprägt von einer forcierten Rückkehr zu den Traditionen, zum höfischen Stil, die auch vor der Lächerlichkeit nicht zurückschreckt. In der Geschichte des Tanzes erleben wir hier eine Rückkehr zu den alten höfischen Tänzen, dem Menuett, der Française, der Quadrille, die, längst vergessen, mühsam von denen neu gelernt werden müssen, denen an einer Einladung bei Hofe gelegen ist. Es findet also eine Rückkehr zum Formvollendeten statt, zum weniger Freien, dem keine Gesamtkultur mehr entspricht (Braun und Gugerli, 1993).
Der Tanz wird hier als Mittel zum Zweck benutzt in der Annahme, die alten Umgangsformen, die die Spreu vom Weizen trennen, neu zu etablieren. Dies gerät allerdings zur Farce, zu einer teuren Eintrittskarte in die Welt des Kaisers und erhält ein Stück länger die Illusion, die Veränderungen, die die Republik mit sich bringt, aufhalten zu können.
Dem entspricht eine starke Trennung der höfischen Politik, in der Wilhelm II. versucht, sich mit altem Charisma und Stil zu umgeben und der des Reichstags, dem die Verwaltung des Finanzbudgets obliegt. Nach der Entlassung Bismarcks verwischen sich Aufgaben des Reichstags und des Kaisers, der in der Unabhängigkeit des Reichstags schon immer einen Affront gegen seine Person sah. Im Gegensatz zu Frankreich besteht in Deutschland ein eklatanter Widerspruch zwischen der rapiden ökonomischen Entwicklung und dem Verhar-

Al amigo Luis A. Boitano
MI ÑATITA
Tango
Argentino
para
Piano
por
ANGEL G. VILLOLDO
pieza, Señorita?
Qué es lo que van a tocar?
El tango de mi NATITA.
ESTABLECIMIENTO MUSICAL
ROMERO Y FERNANDEZ AGROMAYOR
BARTOLOMÉ MITRE 947
BUENOS AIRES
Nº 243.
$0.50
Propiedad de los Editores.
Queda hecho el depósito que marca la Ley
2ª EDICION

ren in imperialistischer Politik bzw. fehlender Liberalisierung.
Parallel zur neuen Traditionsbewußtheit und -suche, einer Bewegung des Nationalismus oder Imperialismus, gibt es aber auch eine andere kosmopolitische Bewegung, ähnlich der in Paris. Es entsteht ein neuer, eleganter und internationaler Lebenstil, vor allem in den Badeorten, in denen die neuen Schiebetänze, der Quick-Step und der Tango getanzt werden und die alten Tänze, die Mazurka und den Wiener Walzer immer mehr ablösen (Braun und Gugerli, 1993).
Das Reisen und das mondäne, hemmungslose Vergnügen als Lebensstil, wofür der Tanz nur ein Sinnbild ist, ist nur für die finanziell Gutgestellten erschwinglich, für diese aber in unausgelesen bunter Mischung – eine Welt der Schicken und Geschmacklosen, der Verrückten und der Hochstapler, der Intelligenz und der Dummheit, für die der Tanz den allabendlichen Mittelpunkt der Zerstreuung und der Kommunikation bildet. Der Tanzanlaß, der Salon also als Innovationszentrum, der immer mehr internationalisiert wird, ist im Äußeren durch seine Tänze, aber auch im Inneren Ausdruck einer neuen Offenheit.
Hier findet auch der Tango seinen Raum, aber ebenso wie dem Vorbild Paris, gebricht es den Deutschen an wirklichem Verständnis und Erleben für den Tanz der Vorstädte und des schlechten Lebens. Die Attraktivität, die der Tango dennoch hat, kann nur mittelbar in seiner wirklichen Geschichte liegen und geht einher mit anderen Zeitströmungen, die sein neues Leben verständlicher machen.
Scheinbar die Frau unterdrückend und das Bild des Machismo und der käuflichen oder unterwürfigen Frau immer wieder in Posen und Schritten nachstellend, ist der Tango dennoch einer der wenigen Gesellschafts- und Paartänze, in denen die Frau andere Schritte als der Mann ausführt, sogar Elemente selbstständig gestalten kann. Außerdem ist er ein Tanz – einhergehend mit einer Revolution in der Damenmode –, der Schritte kennt, in denen die Beine und Strümpfe der Frau sichtbar werden, möglich gemacht durch die neuen hochgeschlitzten Kleider, Demonstration neuer Freiheit und Sichtbarkeit des weiblichen Körpers.
Der Tango also als Ausdruck weiblicher wie männlicher Widersprüchlichkeit, die Frau unterworfen der männlichen Hand, gefesselt in teilweise so engen, figurbetonten Röcken, daß sie kaum noch laufen kann, dennoch auf neue Art befreit und sichtbar. Der Mann, auf neue Weise von der Frau verführt, muß er sie doch um so offensichtlicher an die Kandarre nehmen. Der Machismo, der in dieser europäischen Kultur keine Geschichte hat, wird bemüht, um mit den Veränderungen der Geschlechterverhältnisse im Rahmen zunehmender Emanzipation der Frau umzugehen, die dunkle Geschichte des Tangos wird herangezogen, um einen neuen Lebensstil auszudrücken und neue Umgangsformen in der Beziehung von Mann und Frau zu finden.

## Das Scheitern einer Illusion

Nach dem 1. Weltkrieg (1914 – 1918), der gewissermaßen als Unterbrechung und Stillstand von Modeströmungen gedeutet werden kann, verändert sich die Bedeutung des Tangos, der nun in Konkurrenz zu anderen Strömungen der Zeit tritt, vor allem dem One-Step und dem Charleston. Dennoch hält sich der Tango noch über die Jahre der 'golden twenties'. Obwohl er Zauber und Magie des Neuen bereits verloren hat, paßt er doch in jene Jahre, in denen zunächst 1922 *Eduardo Arolas* (1892 – 1924), der 'Tiger des Bandoneon' nach Paris kommt, jedoch nach kurzer Zeit an seinem exzessiven Leben zugrundegeht, vermutlich am Messerstich eines Zuhälters. Auch *Pizarro*, ein berühmter Bandoneonist, kommt in die Hauptstadt und gründet dort ein eigenes Tanzlokal und nach ihm – erst um 1928 – *Carlos Gardel*, der vor allem in den gehobenen Salons Paris' singt, viele Platten- und erfolgreiche Filmaufnahmen macht. Zur gleichen Zeit spielen berühmte Tangoorchester von *de Caro* und *Canaro* auf den Bühnen der Weltstadt. (Ferrer, 1980)
Spätestens jedoch nach Gardel's Tod 1935 verdrängen andere Moden und natürlich der Krieg den Tango, und der Tanz aus Buenos Aires verschwindet allmählich. Der Krieg als Scheitern einer Illusion, der 'golden twenties', und das Scheitern einer anderen Illusion, des Tangos.

## Englisches Form- und Feingefühl

Ein anderer Tango jedoch ist übriggeblieben, der heutige Standard-Tango, derjenige, den wir auch finden, wenn wir in einem hiesigen Lexikon nachschlagen. Aus ihm ist ein stark reglementierter Turniertanz geworden. Im Gegensatz zum argentinischen Tango hat er sich über die Jahrzehnte in Europa halten können und weiterentwickelt.
Der sogenannte englische Tanzstil begann im beginnenden 20. Jahrhundert mehr und mehr den allgemeinen Tanzstil zu formen und die von unteren Bevölke-

A mi amigo MAXIMO ZERBONI
afectuosamente dedico.
Mama...
Yo quiero un novio!
TANGO
Letra de:
ROBERTO FONTAINA
Autor de
NIÑO BIEN
Música de:
Ramon Collazo
Autor de
PATO
Cantado en discos Victor por Alberto Vila
de la Troupe Estudiantil Ateniense
DIBUJO DE LA EDITORIAL PERROTTI
SARITA 28
Editorial Musical
ALFREDO PERROTTI
QUEDA HECHO EL DEPOSITO
QUE MARCA LA LEY

rungsschichten beeinflußte Zügellosigkeit und Offenheit des Tanzes wieder in andere Bahnen zu lenken und einzudämmen.

Dem englischen Form- und Feingefühl waren einige wilde und unsittliche Auswüchse der neuen Art des Tanzens ein Dorn im Auge. So wurden die gängigen Tänze 1920 auf einer Tanzlehrer-Konferenz einer umfassenden Begutachtung unterzogen. Ziel des Treffens war es, wieder gute Formen in den Tanzsälen einzuführen (Otterbach, 1992). Auf einer weiteren Konferenz 1929 wurden der Slowfox, der Quickstep, der langsame Walzer, der Blues und der Tango zu den Standardtänzen erklärt und in ihrer Taktzahl sowie in ihrem Schrittinventar genau festgelegt. Dem englischen Geschmack entsprechend wurde die große, gleitende Vorwärtsbewegung sowie eine akurate, aufrechte Haltung betont, die der Inbegriff des englischen Stils im Gesellschaftstanz wurde. Gleichzeitig wurden Bewegungen und Figuren, bei denen Verzögerungen eintraten oder die Beine in die Luft geworfen wurden, aus dem Schrittrepertoire ausgeschlossen. Entgegen der allgemeinen Entwicklung wurde hier die aktive Führungsrolle des Mannes und die passive Anpassungsrolle für die Frau noch einmal offiziell festgeschrieben, der fortschreitenden Emanzipation der Frau also zumindest auf der Tanzfläche Einhalt geboten.
Betrachtet man jedoch das Bild, das der somit europäisierte Tango liefert, so entspricht es in seiner Kühle und distanzierten Haltung weit mehr dem von Rationalität beherrschten Zeitgeist des 20. Jahrhunderts als der sinnliche und unkonventionelle argentinische Tango.

## Tango in Deutschland ab 1980

Nach dem Verschwinden des argentinischen Tangos in den 30er Jahren, die nur noch seinen Schatten zurückließen – das zackige Zucken mit dem Kopf –, welchen wir jahrelang in den Tanzschulen lernten, finden wir ihn heute zunehmend wieder, den argentinischen Tango, und wenn auch vielleicht nicht ihn selbst, so doch eine Version, die ihm wieder nahezukommen versucht.
Diese Entwicklung nahm Anfang der 80er Jahre in Berlin ihren Anfang. Ein Tänzer begann den argentinischen Tango zu unterrichten, die traditionellen, inzwischen vergessenen Schritte, mit der traditionellen Musik und ihren Texten. Am Anfang als kleine Gruppe von Insidern, die ihre Aktivitäten vor allem über Berlin, Hamburg und Bremen auszubreiten begann, nahm die Tangoszene mit der Zeit professionellere Formen an, wurden Schulen gegründet, Vereine, regelmäßig Räumlichkeiten angemietet, um zu üben und zu tanzen.
Mit der Verbreitung des Tangos in Deutschland wurden auch die Besuche der argentinischen Tangolehrer rentabler, so daß sie inzwischen regelmäßig einmal im Jahr auf Tournee gehen und unterrichten, was zur Erhaltung der Nähe von argentinischem und deutschem Tango-Tanzstil beiträgt – Eduardo, Pepito, Gustavo, Pablo und wie sie alle heißen.

Eines soll am Ende dieses Kapitels festgehalten werden. Was all diese Gesellschaften ausgezeichnet hat, sind der Übergang, die Veränderung, das drängende Neue und das klebrige Alte, die Kehrseite des Fortschrittes , ohne die er nicht denkbar ist. Es sind nicht die Zeiten der Ruhe, die der Tango den Menschen versüßt, sondern die Zeiten des Aufbruchs und des Abschieds, die er erträglich macht.

## DIE MUSIK DES TANGO

Die Milonga, die Habanera und der tango andaluz, alle im 2/4 Takt, gelten als die direkten Vorläufer des Tangos. Die Gauchos brachten die Milonga, die aus den typischen Wechselgesängen (Cifras) und den Stehgreifgesängen (Payadas) der Landbevölkerung entstanden war, nach Buenos Aires. *"Sie intonierten Lieder mit aufschneiderischer und beleidigender Schlagfertigkeit, die manchmal pittoresk, manchmal geistreich, doch immer schrill waren und den Geist der verschiedenen populären Viertel Buenos Aires' ausdrückten."* (Aravena, 1989, S.18)
Zu dieser Zeit hat es verschiedene Arten der Milonga gegeben (Media milonga, Milonga partida, Milonga entre varios ...). Überlebt hat nur die eine Form der gespielten oder gesungenen Milonga, die kreolische Milonga, die auch heute noch gespielt und getanzt wird. Ihr wurde in Buenos Aires, vermutlich in den Bordellen der Schwarzen, eine tänzerische Choreographie hinzugefügt, die bis heute eine Art der Konversation und der Lebensart geblieben ist (Borges in Alifano, 1985). Der stolze Begriff des 'Milonguero' trägt dieser Entwicklung Rechnung; er bezeichnet nicht nur den Milonga-Tänzer, sondern vielmehr einen Lebensstil.
Die Habanera, von den Spaniern auch 'tango americano' genannt, die sich aus dem englischen Kontertanz und der Danza entwickelt hat, kam Mitte 1900 aus Kuba zunächst nach Europa und von dort mit spanischen Theatergruppen nach Buenos Aires. Die berühmteste

Colección de la Guardia Vieja
SENTIMIENTO GAUCHO
Tango de
F. CANARO
letra de
J. A. CARUSO
RICORDI AMERICANA
SOCIEDAD ANÓNIMA EDITORIAL Y COMERCIAL
BUENOS AIRES
INDUSTRIA ARGENTINA
B.A.7388
$ 1.—

Habanera ist sicherlich die von Sebastián Iradier, die Bizet in sein Werk 'Carmen' integrierte, jedoch zunächst ohne den Namen Iradiers zu erwähnen (Aravena, 1989).

Der tango andaluz, der auch von der Habanera abstammt, entwickelte sich in Buenos Aires, anders als in seinem Ursprungsland Spanien (Cadíz) als reine Liedform weiter, ohne Tanz. Es handelt sich hierbei um eine Stilrichtung des Flamenco, vornehmlich mit Gitarre und Gesang, die in Spanien tanzend von einer Frau oder von einem Paar, jedoch ohne Berührung, begleitet wurde.

Zum Zusammenhang der Musik des Tangos mit Instrumentierung und Rhythmus der Musik der Schwarzen gibt es unterschiedliche Meinungen. Kulturelle Einflüsse hat es in jedem Fall gegeben. Ein eindeutiger musikalischer Einfluß ist jedoch nicht mehr auszumachen. In manchen Fällen wird auch die afrikanische Candombe als ein Vorläufer des Tangos bezeichnet und die Milonga als eine Art Parodie auf die Candombe der Schwarzen. Genaues wissen wir nicht ...

Durch den Einfluß dieser Elemente, durch ihre Vermischung untereinander und mit Anderem, das bereits vorhanden war, unter Hinzufügung jener Würze, des gleichzeitig Anziehenden und Problematischen, die das Multikulturelle ausmacht, konnte der Tango entstehen.

## Kampf zwischen Rhythmus und Melodie

Dem teilweise harten und entschiedenen Rhythmus, im europäischen Tango bis zur Perversion getrieben, steht im argentinischen Tango eine Weichheit der Melodie gegenüber und ein spielerisches Verzieren und Variieren des klaren Grundrhythmus. Dies führt zu einer der Musik immanenten Spannung bis hin zur intendierten Disharmonie, in welcher Rhythmus und Melodie einen Kampf auszutragen scheinen.

Heute finden sich unter dem Oberbegriff des argentinischen Tangos noch weitere Rhythmen – der tango vals und die Milonga.

Die Milonga als historisch früheste Gattung (im 2/4 Takt) bekommt ihren typischen, schnellen und ununterbro-

chenen Rhythmus, der den Tänzer gehend und mit wenigen Figuren über die Tanzfläche treibt, durch die Punktierung des ersten und damit die Verkürzung des zweiten Achtels.
In der Tradition der Milonga wurden auch die ersten Tangos im 2/4 Takt gespielt und notiert. In kleinen Ensembles, noch ohne Bandoneon (hierzu später) hatten sie einen durchgehend zügigen Rhythmus – wurden teilweise auch als 'Tango-Milonga' oder als 'Tango con corte Milonga' bezeichnet.
Mit der Zeit, möglicherweise einhergehend mit einer besseren technischen Beherrschung der Instrumente und besonders des Bandoneons, was neue und schwierigere Improvisationen und Variationen möglich machte, sowie mit der Verbesserung der Notenkenntnisse und damit den Möglichkeiten der Notierung, als Tangos in den 20er Jahren mehr und mehr von professionellen Musikern gespielt werden, wird der Tango nicht mehr im 2/4 sondern im unregelmäßig synkopierten 4/8 Takt notiert.
Durch häufige Synkopierung, das heißt durch die Betonung der unbetonten Zählzeit, sowie in der Melodieführung bekommt der Tango ein Stück mehr seiner typischen und eigenen Gestalt, was im Tanz der rythmischen Variation des Gehens, den Verdopplungen (sobrepasos) und Verzögerungen entspricht.
Parallel entwickelte sich der Tango Vals als eine eigenständige musikalische Form im 3/4 Takt, der in seiner getanzten Form dem Tango entspricht, in der Regel jedoch entsprechend seinem durchgehend fließenden

ORQUESTA TIPICA ROVATTI - SERVIDIO

José Eduardo Salas (piano), José Servidio (bandoneón), Esteban Rovatti (violín), Luis Servidio (bandoneón), José E. Villengui (recitado y canto), Carlos Taverna (violín).

Al distinguido señor RAFAEL SANCHEZ ARANALDE, con estimación
PREMIO DEL CONCURSO
Alma en pena
TANGO
Musica de Anselmo A. Aieta
Letra de F. Garcia Jimenez
Editorial musical ALFREDO PERROTTI
UNICO EDITOR AUTORIZADO
PERU Nº 1223 — Bs. AIRES
Cantado en el Cine 'Hindú' por el chansonier CARLOS DANTE
18.a Edición
QUEDA HECHO EL DEPOSITO QUE MARCA LA LEY

Rhythmus ohne 'cortes' und mit vielen Drehungen getanzt wird. Seine typische und doch ungewohnte Rhythmik bekommt er durch das Verschwinden betonter Noten, so z.B. des zweiten oder des dritten Viertels, die der Tänzer als Kontrapunkt zur Musik in der Bewegung ergänzen kann.
Form und Inhalt der Texte stimmen in den drei Gattungen weitgehend überein, wobei die Milonga, im Gegensatz zum schwermütigen Tango, manchmal einen mehr spöttisch humoristischen Ton anschlägt. Der Tango Vals zeichnet sich durch einen sentimentalen, fast kitschigen Unterton aus.

## Instrumentierung und 'Orquesta tipíca'

Ein Trio aus Querflöte, Geige und Gitarre war vermutlich die erste musikalische Besetzung, die manchmal anfänglich noch von einer Harfe begleitet wurde (Reichardt, 1984). Nach Borges (in Alifantes) bestanden die ersten Trios aus Flöte, Geige und Klavier. Das ist jedoch eher unwahrscheinlich, da die Gitarre das in Buenos Aires am häufigsten vorhandene Instrument war, welches vor allem von der Landbevölkerung, den Payadores und den Gauchos, verwendet wurde und im Zuge der Einwanderung auch in der Stadt an Bedeutung gewann. Aravena (1989) berichtet für die ersten Tangobesetzungen bereits vom Akkordeon, von der Klarinette und der Tuba. Schlaginstrumente hat es im Tango in der Zeit vor Piazzolla nicht gegeben.

Um 1870 kommt das im Ursprung deutsche Instrument, das Bandoneon (anfangs noch als kleine Konzertina) durch Seeleute nach Buenos Aires und wird hier zum typischen und häufig besungene Instrument des Tangos – aus dem Trio wird ein Quartett. Das Bandoneon, als Melodie-, Begleit- und Rhythmusinstrument, gewinnt zunehmend an Bedeutung und gibt dem Tango seinen sehnsüchtigen, immer ein wenig schräg anmutenden Klang, während Flöte und Gitarre ab 1915 zunächst aus dem Tango verdrängt und vom Klavier abgelöst werden. Die Flöte kehrt erst in den 30er Jahren, zur Zeit der großen Orchester, zum Tango zurück.
Dagegen blieb die Gitarre im um 1917 neu entstehenden 'tango canción', dem gesungenen Tango, als Begleitinstrument des Sängers erhalten, der sich traditionell selber begleitete oder von einer oder mehreren Gitarren begleitet wurde und tauchte später auch in kleineren Ensembles mit neuen, an das Bandoneon angepaßten Spieltechniken und neuer Tongebung wieder auf (Reichardt, 1984).
In der Eigenheit des Tangos spielt das Bandoneon, ein Instrument, das wir sonst nicht zu hören gewohnt sind, eine wichtige Rolle. Es besitzt eine eigene Chromatik und es scheint immer einen Hauch früher als die anderen Instrumente zu sein, einen Hauch schneller, einen Hauch lauter, mit seinem Seufzen und Stöhnen, das sich unvermutet in ein Kreischen verwandeln kann.
Ferrer (1980) beschreibt, wie sich das Bandoneon in den Tango einzumischen beginnt, wie es seinen Kopf nach draußen steckt, das Imperium des Tangos im Innern beherrscht und in die Eingeweide der Musik verweist. Das Bandoneon sei es, welches das Orchester bewegt, mit seinen schweren und schmierigen Verbindungen gegenüber den leichten Aquarelltönen der anderen Instrumente, welche ihm den Vortritt gelassen haben.
Auch andere Instrumente werden im Tango auf ungewöhnliche Weise betont und variiert. So zum Beispiel der Kontrabaß, der mehr gezupft als gestrichen wird oder die Geige, der im Tango neue rythmische und perkussive Freiheiten gelassen werden. All dies verweist bereits auf zeitgenössische Musik.
Um 1920 entsteht das für den Tango typische 'Orquesta típica', das in seiner klassischen Besetzung aus 2 Bandoneons, 2 Geigen, dem Kontrabaß als Rhythmusinstrument und aus einem Klavier besteht. Dabei wurden die Bandoneons und die Geigen immer stärker besetzt, bis hin zu Besetzungen mit 6 Bandoneons und 6 Geigen, in der ersten Reihe die Bandoneons, in der zweiten die Geigen; sie gaben dem Tango sein bis heute typisches Gepräge, das selbst in neuerer Zeit von Piazzolla, dem Begründer des 'Tango Nuevo', respektiert wurde, wobei er erstmalig Schlagzeuge, E-Gitarren und Syntheziser in den Tango einführte.

## Die Komponisten

Die Entwicklung des Tangos läßt sich in drei großen Epochen beschreiben, symbolisiert durch die Guardia vieja, die Epoqua de Oro und den Tango Nuevo.
Als 'Guardia vieja', wird die Entstehungszeit des Tangos bezeichnet, das Entstehen der ersten Ensembles, der Academias, der öffentlichen Tanzveranstaltungen. Außer den zahlreichen namenlosen Laienmusikern, die an der Straßenecke oder in der 'kleinen Bar am Ende der Straße' zum Tanz aufspielten und vergessen wurden, sind hier sehr frühe Interpreten zu nennen:

Dedicado con nuestra admiración a AZUCENA MAIZANI (El Alma del Tango)
Patron... otra Caña
(que quiero embriagarme)
Gran Tango-Canción
Letra de:
ENRIQUE VENDITTUOLI
Lucio A. D'Ágostino
Musica de
LUCIO A. D'AGOSTINO
Editorial Musical
ALFREDO PERROTTI
OSCAR CERTOGLIO
Grabado admirablemente en disco por AZUCENA MAIZANI

– *Villoldo* (1868 – 1919) sang in der Tradition der Payadores und begleitete sich selbst auf der Gitarre.
– *Roberto Firpo* (1884 – 1969) lernte neben seiner Tätigkeit als Schuster und Maler als Autodidakt Geige und Klavier. Er begann seine Karriere als Pianist in Tanzlokalen, machte 1913 erste Plattenaufnahmen und hatte später ein eigenes Orchester.
– *Francisco Lomuto* (1893 – 1950) lernte das Klavierspielen von seiner Mutter und ging mit einer kleinen Tangogruppe auf Tournee nach Spanien. In den 20er Jahren dirigierte er ein populäres Tanzorchester, zog sich in den 30er Jahren zum Schreiben zurück und war bis in die 40er Jahre als Orchersterleiter tätig. Er blieb immer dem alten Tango verhaftet.

– *Francisco Canaro* (1888 – 1964) war Autodidakt für Violine, spielte einige Jahre im Terzett mit Klavier und Bandoneon, wurde später mit seinem Orchester und dem 'Quinteto Pirincho' berühmt und spielte noch bis kurz vor seinem Tod 1964.
– *Carlos Gardel*, unvergeßlich in diesem Zusammenhang, ist die schillernste Figur in der Geschichte des Tangos, um die sich die meisten Mythen ranken. Bereits seine Geburt, vermutlich 1890 in Toulouse (Frankreich)

ist umstritten, ein anderes Dokument weist ihn als gebürtig in Uruguay aus. Zweijährig kam er mit seiner Mutter nach Buenos Aires, begann seine Karriere im Grundschulchor. Neben dem Schulbesuch geht er seiner Mutter finanziell zur Hand, arbeitet als Laufbursche, Uhrmacherlehrling, Buchdrucker. Durch Jobs hinter den Kulissen des Theaters lernt er die Welt der Musik kennen und beginnt mit ungeheurer Disziplin, natürlich als Autodidakt, das Singen zu lernen. Er übt vor allem durch Nachahmung, studiert die Rhythmen und Texte der einheimischen kreolischen Bevölkerung, begleitet seien eigenen Gesang mehr schlecht als recht auf der Gitarre.
Nachdem er einige Jahre in Montevideo verbrachte, reift sein Entschluß, sich nun auf eine Karriere als Sänger zu konzentrieren. Der wird er, nicht nur in Buenos Aires sondern bis hin zum Broadway! Er wird zur großen Kultfigur des Tangos – was sich noch steigert, als er 1935 auf dem Höhepunkt seiner Karriere bei einem Flugzeugabsturz ums Leben kommt.
Der Kern des Kultes um Gardel, abgesehen von seiner sehr guten Tenorstimme, ist sicherlich das Phänomen

seines Aufstiegs vom 'Tellerwäscher zum Millionär', der genau das verkörpert, was all die Einwanderer sich im Land ihrer Träume erhofft hatten. Es waren dieselben Jahre, in denen der Tango nach Europa gelangte, wo er zur Mode und erst auf diesem Umwege auch in Buenos Aires wieder gesellschaftsfähig wurde.

Die Verbreitung des Tangos in Europa und die neuen Möglichkeiten der Aufzeichnung und Reproduktion durch Plattenaufnahmen leiteten die 'Epoca de Oro' ein. Auch die großen Musiker der Vorzeit gründen nun ihre eigenen großen Orchester, wodurch die Zuordnung zu den Epochen des Tango erschwert wird. Dennoch läßt sich ihr musikalischer Stil vom moderneren Stil unterscheiden. Als goldene Zeit des Tangos gilt die Zeit der großen Profimusiker und Tangoorchester von *Carlos di Sarli* (1900 – 1960), *Juan d'Arienzo* (1900 – 1976), bis hin zu *Osvaldo Pugliese* (1905 – 1995), der bereits den Übergang zur Moderne schuf zu Formen, in denen sich der Rhythmus mehr und mehr auflöst bzw. sich abwechselt mit den großen Melodiebögen der Geigen, die in den Vordergrund treten. Sie alle haben Musik am Konservatorium studiert, meist Violine oder Klavier, gründeten in jungen Jahren kleine Tangoensembles und hatten später große Tangoorchester unter ihrer Leitung.
Mit *Astor Piazzolla* (1921 – 1992) und der Entstehung des Tango Nuevo löst sich die im Tango klassische Verbindung von Tanz und Musik. Der Tango wird zur Kunst- und Konzertmusik, verbindet sich mit dem Jazz und mit zeitgenössischen Elementen. Eine Musik, die nur für den Bühnentango oder für den modernen Tanz tanzbar bleibt, in ihrer Idee jedoch nicht für den Tanz konzipiert ist.

## DIE SPRACHE DES TANGO

Erst um 1917 herum entstehen die ersten überlieferten Tangotexte, obwohl der Tango vermutlich auch schon vorher ein erzählendes Medium war, jedoch mit improvisierten Texten, die von aktuellen Begebenheiten erzählten, ähnlich dem Bänkelgesang.
Der Tango „Mi noche triste" von Pascual Contursi (1888 – 1932) gilt als der erste gesungene Tango, genannt 'Tango canción': *Sie hat ihn verlassen, die Schickse, ihre Anwesenheit fehlt nun in jeder Ecke seiner Wohnung. Er versucht, sich mit Alkohol zu betäuben, aber nur bei offener Tür kann er schlafen, damit sie jederzeit zurückkommen kann* – ein in Variationen häufig wiederkehrendes Thema im Tango.

Inhaltlich sinnvoll ist es, die nun entstehende Fülle von Tangotexten im Zusammenhang mit der sozialen Situation zu betrachten. Dabei wird der gesellschaftliche Aspekt jedoch fast immer in persönlichen Schicksalen, Personifizierungen, Anekdoten oder wahren Begebenheiten ausgedrückt, die literarisch verdichtet werden. Das Milieu (Vorstadt/Stadtviertel versus Zentrum) und die typischen Männer- und Frauenfiguren werden meist beibehalten, haben neben dem jeweiligen inhaltlichen einen hohen symbolischen Gehalt, transportieren eine Welt und eine Zeit, die dem Porteño, dem Bewohner von Buenos Aires von 1900 bis heute verständlich war und ist. Zur Sprache gebracht werden Andeutungen, Anspielungen, Verknüpfungen und eine Ironie, die uns vermutlich verschlossen bleiben, wenn wir nicht bewußt an den Orten und in der Zeit nach ihnen suchen.
*„Der Tango wurde nun zur gesungenen Geschichte dieser ganzen, in Veränderung begriffenen Welt, entstanden aus der Begegnung eingewanderter Europäer mit den argentinischen Kreolen. Ihr Ort war die große Metropole, in die sich Buenos Aires zu verwandeln begonnen hatte."* (Aravena, S.23)
Möglicherweise gibt es aber für den Rezipienten von heute, den Fremden, dennoch einen emotional nachvollziehbaren Gehalt und Identifikationsmöglichkeiten, wenn der Tango mit seinen Texten nicht nur die Themen eines Ortes zu einer bestimmten Zeit trifft, sondern in ihnen verpackt von Allgemeinerem, Immergültigem, ja Zeitlosem erzählt.
Wie und in welcher Sprache werden die Geschichten des Tangos erzählt, wovon erzählen sie, wer erzählt sie – und wem?

## Formale Aspekte – Der Tango als Volkslied

Die Texte des Tangos unter formalen Aspekten zu analysieren macht wenig Sinn. Wohl gibt es einige, die in Reimform, meist in einfachem Kreuz- oder Paarreim geschrieben sind. Fast alle unterscheiden zwischen Strophe und Refrain, jedoch hat es zu keiner Zeit feste Versregeln gegeben. Die meisten Texte haben in Aufbau und Reimform den Charakter einfacher Volkslieder.
Dieses mag auf folgende Umstände zurückzuführen sein: Erstens läßt sich eine feste Versform nicht mit der inhaltlichen und gewollten Unkonventionalität des Tangos vereinbaren, der von dem spricht, von dem man üblicherweise nicht spricht. Zum zweiten waren die meisten Tangotexter, vor allem die der frühen, vorpro-

Á NICOLAS DE MARCO y PASCUAL COTIGNOLA, dedico afeotuosamei te
Aguantalo si podés
Tango-Canción
MUSICA
de Ricardo A. AIETA
ELINA
DIBUJO DE LA EDITORIAL ALFREDO PERROTTI
UNICO EDITOR AUTORIZADO
PERU Nº 1223 — Bs. AIRES
Editorial musical ALFREDO PERROTTI
QUEDA HECHO EL DEPOSITO
QUE MARCA LA LEY

fessionellen Zeit des Tangos, die, wie der Tango selbst, der Unterschicht entstammten, wohl auch nicht in der Lage, in einer anderen Form als der ihrer eigenen Sprache zu schreiben. Deshalb schrieben sie Texte in der Art von Volksliedern, mit der ihnen eigenen und damit umso wahreren Poesie, was auch die späteren Tangodichter, wenn auch literarisch anspruchsvoller, beibehielten. Die Nähe des Tangos zum 'einfachen Volk' ging auf diese Weise niemals verloren.
Es ergibt sich formal eine recht regellose Sammlung von Texten, die, sei es aus Unvermögen oder nicht, dennoch in einem adäquaten Verhältnis zu dem Phänomen des Tangos steht, der in dem Moment, in dem er sich formalen oder dichterischen Kriterien unterwirft, sein 'Anders-Sein', d. h. das, was er sein will, verliert.
Natürlich ist der Tango Poesie. Wenn man ihn mit poetischen Augen anzusehen versteht, besitzt er jene Poesie, die das Einfache und Schlichte besitzt. Betrachtet man ihn mit dem Regelwerk der Linguistiker wird er mithin zum Chaos.

## Das Lunfardo – Sprache der Gosse

Bei weitem nicht alle Tango-Texte sind in Lunfardo, der Sprache der Vorstädte von Buenos Aires geschrieben. Jedoch ist dies die Sprache, die neben dem reinen Castellano und den von der Landbevölkerung, den Gauchos beeinflußten Dialekten (Reichardt, 1984), am meisten die Texte des Tangos geprägt hat, unmittelbar mit dem Tango assoziiert wird und eindeutig auf seine Heimat im Arrabal (den Vororten von Buenos Aires) aufmerksam macht. Die Herkunft und Entstehung des Lunfardo ist umstritten, obwohl es an Forschungen, Theorien und Nachschlagewerken nicht mangelt.
Ein ausgesprochener Dialekt der Unterschicht entsteht häufig als eine Art Geheimsprache, zum Schutze vor der Polizei. Ein System von metaphorisch gebrauchten Ausdrücken, die nur für den Eingeweihten verständlich sind. Wer hierbei die Sprache von wem übernahm, das Volk vom Verbrecher oder der Verbrecher vom Volk, soll hier nicht diskutiert werden (siehe hierzu Reichardt, 1984, S.163 f).
Die Theorie, daß das Lunfardo in der Verbrecherwelt geboren wurde, ist insofern einsichtig, als hier unmittelbar die Notwendigkeit bestand, Informationen unerkannt weiterzugeben, gewissermaßen zur Selbstverteidigung (Salas, 1986). Dennoch ist es zu kurz gegriffen, das Lunfardo nur als eine Delinquentensprache zu bezeichnen. Naheliegender scheint mir die Erklärung, das Lunfardo schlicht als eine aus der Notwendigkeit zur Verständigung geborene Sprache zu begreifen, in einer plötzlich multilingualen Gesellschaft. Sie hatte hier ihren Ursprung, verbreitete sich rasch in den Vorstädten von Buenos Aires und wurde vermutlich ein alltäglicher Dialekt, der für andere unverständlich war und sein sollte, für die Vorstädter hingegen verständlich und so auch der kulturellen Abgrenzung von den oberen Klassen diente. Die wesentlichen sprachlichen Neuerungen bestehen aus Worten, die den Sprachen der Einwanderer entlehnt wurden, entstanden also im täglichen Prozeß der Kommunikation als eine Veränderung des metaphorischen Sinns herkömmlicher Worte (Ferrer, 1980).

In Zeiten des Verbotes bedurfte der Tango eben dieser Metaphorik im anfänglichen Sinne des Geheimen und Versteckten, um inhaltlich auszudrücken, was er wollte, ohne wegen eindeutiger Frivolität Repressionen ausgesetzt zu sein.
Unabhängig von seiner Bedeutung im Alltag, in der übrigen Literatur und im Theater ist das Lunfardo im Tango eine wichtige Ausdrucksform geworden, die für Unsereinen schwer interpretierbar und verständlich ist. Angefangen damit, daß eine Vielzahl verwendeter Begriffe nur in speziellen Nachschlagewerken für Lun-

Cariñosamente a mi buen y gran amigo ATILIO ABBONDANZA

TANGO CANCION

Letra de

**C. Esteban Flores**

Música de

**Juan de Dios Filiberto**

2.a edición 10.000 ejemplares impresos

Editorial:
HECTOR N. PIROVANO
PASCÓ 1440 Buenos Aires
ARGENTINA

101 B

fardo zu finden sind, bleibt selbst dann noch der assoziative und kulturelle Hintergrund für den Fremden unsichtbar, abgesehen von den nahezu unlösbaren Übersetzungsproblemen der oft vieldeutigen Begriffe. Hierdurch ist es kaum möglich, mehr als eine flüchtige Idee von der Kraft der Sprache hinüberzuretten, ohne ins zu Kitschige abzugleiten oder ins allzu Derbe, was in vielen Übersetzungen sichtbar wird.

## Liebe, Sehnsucht, Einsamkeit – die ewigen Themen

Viele der Geschichten, von denen der Tango erzählt, finden in der Nacht statt, im nächtlichen Stadtviertel, im diffusen Licht der Laternen, im nächtlichen Hafen, auf der nächtlichen Straße oder im Bordell.
In Schlörs Bezugssystemen zur Bedeutung der Stadtnacht (Schlör, 1991) werden der symbolische Gehalt dieser Orte und die mit ihnen verbundenen Themen gut charakterisiert, wobei gleichzeitig deutlich wird, daß es sich um Themen der Nacht und nicht um Themen des Tangos handelt, also um Allgemeineres. Die Eigentümlichkeiten der Stadtnacht offenbaren sich bei Schlör in den Motivbündeln Nacht und Gewalt, Nacht und Sexualität, Nacht und Vergnügen, Nacht und Einsamkeit.
Andere Szenarien sind im Tango das Haus (meist das der Eltern oder das eigene), sowie das ebenso vertraute Café an der Ecke. Sie werden zum Symbol für Geborgenheit, Heimat und Rückkehr: *„Wie könnte ich dich in dieser Klage vergessen, Café von Buenos Aires, bist du doch das einzige im Leben, das meiner Mutter ähnlich war."* („Cafetín de Buenos Aires" von Discépolo, zitiert nach Melancholie der Vorstadt, 1982, S. 217)
Das Gefängnis bzw. der Gerichtssaal tauchen im Tango als Symbol für Gerechtigkeit auf, oder aber für staatlich verübtes Unrecht und Unverständnis: *„Wie man dort (im Arrabal) lebt, Herr Richter, das muß man sehen, um danach zu wissen, wie man bestraft!"* („Sentencia" von Flores, zitiert nach Reichardt, 1984, S. 349).
Die Orte repräsentieren also bereits die wichtigsten Themenkreise, wobei jeder einzelne von ihnen viele weitere aufspannt und beinhaltet und mit der Differenzierung auch deutlich wird, daß die Trennung der Themen in manchen Fällen eine künstliche ist und es Verbindungsglieder und Gemeinsamkeiten gibt.

Das Thema der Gewalt und des Verbrechens ist oft das des Mordes. Das Mordmotiv ist meist Liebe, Betrug, Haß, Verrat und verletzter Stolz. Es steht also in engem Zusammenhang mit dem der Sexualität: *„Im ganzen, fast nichts ... ein Kuß im Dunkeln, zwei Körper, die fielen, und ein Fluch."* („A la luz del candil" von J. Navarrine, zitiert nach Reichardt, 1984, S. 189)
Bei der Sexualität bzw. Liebe handelt es sich um die beiden großen Kreise der 'echten' Liebe und der käuflichen Liebe, erstere in Zusammenhang mit Sehnsucht, Heimat, Beziehung, Verlust, letztere mit Gewalt, Betrug, Verrat, Verachtung und Eifersucht. Das Thema des Vergnügens erscheint eng verknüpft mit den Themen der Sexualität und der käuflichen Liebe in den Bordellen und Tanzveranstaltungen.
Die Einsamkeit, ein großer Themenkreis des Tangos, zieht sich durch fast alle Texte und läßt sich vielleicht als gemeinsamer Nenner über die anderen Themen schreiben: Entwurzelung, Verlassenheit, Trauer, Sehnsucht, Abschied und das Leiden am Leben. Aber auch der Traum von Heimkehr, Heimat und Geborgenheit war ein großes Thema derjenigen, die ihre Heimat verlassen mußten oder verloren haben – und der Tod. Auch der Alkohol als Mittel zu Vergessen oder zu Betäuben gehört hierher: *„Ich bereiste den Schmerz ... und löschte jeden Kuß mit einem Glas."* („La casita de mis viejos" von Cadícamo, zitiert nach Reichardt, 1984, S. 275)
Ein typisches Motiv, das in vielen Tangos auftaucht, ist das des Bandoneons, dessen Klang als Symbol für Schmerz und Rausch gilt. Das Thema des Bandoneons tritt häufig in Zusammenhang mit Alkohol und Einsamkeit auf: *„Dein Lied ist die Liebe, die man nicht gab, und der Himmel, den wir einmal erträumten ."* („Che bandoneón" von Manzi, zitiert nach Reichardt, 1984, S. 229) *„Du bist eine Raupe, die ein Schmetterling sein wollte vorm Sterben!"* („Alma de bandoneón" von Discépolo/Amadori, zitiert nach Reichardt, 1984, S. 195)
Hinzu kommen Tangos, in denen die Sozialkritik im Vordergrund steht, das heißt der Konflikt zwischen arm und reich, repräsentiert durch das Bild von Vorstadt versus Zentrum, manchmal in Verbindung mit dem Themenkreis der Gewalt, meist aber eher spöttisch und durch Geschichten sozialen Auf- bzw. Abstiegs illustriert. Beispielhaft ist das arme Mädchen, das auf dem Umweg über das Bordell zu Reichtum gelangt oder der feine Pinkel, der in der Gosse landet.
In der Regel werden im Tango politische und soziale Themen in individuelle Ereignisse verpackt. Nur in wenigen Ausnahmen wurde versucht, den Tango ernsthaft zu politisieren wie, im Tango „Guerra a la Burguesía" (Krieg der Bourgeoisie) von 1901, in dem die Bourgeoisie das Blut des armen Arbeiters aussaugt.

LOS DIENTES DEL PERRO
ESTILO SENTIMENTAL
PARA PIANO
POR ROBERTO FIRPO

## Männer- und Frauenbilder

Die typische Männerfigur, die im Tango auftaucht, ist der Liebhaber in seinen unterschiedlichen Ausprägungen als Ehemann oder Freier, als Verlassener oder Verlassender, als Held und Rächer oder als Weichei. Auch die Vertreter der oberen Klasse werden als verweichlicht oder als Dandys spöttisch dargestellt und lächerlich gemacht.

Der Verbrecher erscheint als Gerechter oder als Bösewicht, der Zuhälter als Lebemann oder als lächerlicher Aufsteiger. Dem Bild des Alkoholikers oder Raufbolds, des am Leben Gescheiterten, Gealterten, steht als stolzes Bild des Alterns in Würde und als Vorbild der Vater gegenüber. Dennoch auffällig, daß die Männer im Tango keine Siegertypen sind, vielmehr von Sehnsucht und Liebe zerfressen und kraftlos in ein Leben gestellt, für das sie scheinbar keine Verantwortung tragen.

Die typische Frauenfigur im Tango ist die Geliebte, in der Regel die Prostituierte, dargestellt als vergötterte Diva oder als Gefallene und Gescheiterte, die sich verkaufen muß. Eher selten thematisiert wird die ehrbare Frau als Geliebte (die dann meist als Verräterin endet oder siegt) oder gar die Ehefrau. Als tief verehrte Frau im Tango, als Symbol für Heimat, Geborgenheit, Weisheit, Treue und Liebe gilt die Mutter: *„denn bevor ich sterbe, möchte ich ihr, meiner ersten Liebe, einen Kuß auf die faltige Stirn geben."* („El penado 14" von C. Pesce zitiert nach Reichardt, 1984, S.245)

In allen Rollen hat die Frau die Macht, ist diejenige, nach der man sich verzweifelt verzehrt, ohne die das Leben allen Sinn verliert.

Echte Freunde gibt es im Tango nicht. Beziehungen unter Männern gründen auf Konkurrenz oder Verachtung: *„Zwei Männer kommen, Rivalen sinds, entschlossen, im Duell nach Landessitte den Arm entscheiden zu lassen, wer mehr Recht habe auf die Defloration der Küsse der fatalen Frau."* („Allá en el Bajo" von Aguilar/Martinelli Massa, zitiert nach Reichhardt, 1984, S.197)

Frauen haben im Tango keine Beziehungen untereinander, zumindest erzählen die Männer uns nichts davon. Die Beziehungen zwischen Männern und Frauen sind niemals freundschaftlich. Sie sind in der Regel sexuell, wobei das Sexuelle einerseits mit Verehrung und Liebe, andererseits mit Lust und Verachtung gepaart sein kann. Allein die Beziehung des Mannes zur Mutter gründet auf tiefer Verehrung und Sehnsucht.

## Die Textdichter und ihr Publikum

"Waren die großen Dichter nicht vor allem Ortskundige?"
(Peter Handke, 1982, S. 252)

Von *Enrique Santos Discépolo* (1901 – 1951), dem Sohn eines Musikers, er selber Dramaturg, Komponist und Schauspieler, kann man sagen, er hat dem erzählten Tango sein Gesicht gegeben. Er prägte das Ambiente von Hoffnungslosigkeit, ohne jedoch aufzugeben, die Skepsis gegenüber dem guten Leben und dem Reichtum, den Ausdruck persönlichen Schmerzes und seine Art, sozialpolitische Realität als die Abwesenheit von Moral abzubilden. Er gab dem Tango eine Prise mehr an Intellektualität, bis hin zum Grotesken, immer einen guten Schuß Dramatik, aber ohne dabei seinen ehemaligen Charakter anzugreifen. *„Einen Tango – sage ich – kann man mit einem Finger schreiben, aber nicht ohne Seele; ein Tango ist die Intimität, die sich versteckt und ist der Schrei, der sich nackt erhebt."* ( Discépolo, zitiert nach Salas, 1986, S.198, Übersetzung der Verfasserin)

Jeder der bekannten Textdichter, die meisten um die Jahrhundertwende geboren, hat dem Tango gewissermaßen ein neues Kapitel hinzugefügt, ein neues Thema, eine neue Art des Erzählens erschlossen. Sie waren Musiker, Schriftsteller oder einfache Leute, die viele verschiedene Dinge im Leben gemacht haben. Jedes dieser Leben war vor allem von Vielseitigkeit, Veränderung und Flexibilität bestimmt:

– Einsamkeit und Verlassenheit, wie auch in „Mi noche triste" waren die großen Themen des *Pascual Contursi,* dessen Tangos noch an die Stehgreifgesänge der Payadores erinnern.

– *Celedonio Flores* (1896 – 1947) hat in Lunfardo, der Sprache der Armen, den Gegensatz von Ober- und Unterschicht in den Tango eingeführt und ihn in rauhen, manchmal brutalen Szenen beschrieben.

– Enrique Cadícamo (*1900), ein Schriftsteller und Komponist, beschrieb die typischen Bordell- und Cabaretszenen.

– Von *Homero Manzi* (1907 – 1951), einem der wenigen, die in gereimter Form und romantisch bis hin zum Kitsch schrieben, stammen die stimmungsvollen, oft sehnsüchtigen Beschreibungen der alten Stadtviertel von Buenos Aires und das Thema des Scheiterns der Liebe. Bekannt ist besonders sein Lied zum gleichnamigen Film „Sur".

– *Cátulo Castillo* (1906 – 1975) studierte Violine und Klavier, arbeitete aber auch als Schriftsteller und Jour-

MENTIR EN AMOR ES PECADO
Vals
de la Película Nacional
"IDOLOS de la RADIO"
Musica de
FRANCISCO
CANARO
Letra de
MALFATTI y
DE LAS LLANDERAS
Ediciones Musicales
JVLIO KORN
CORRIENTES 931 B. AIRES
REGISTRADA EL 11-1934
PRECIO $ o. 40

nalist. Er beschwört den Alkohol und die Erinnerung an ein besseres Gestern.

– *Homero Aldo Expósito*, ein Textdichter der 40er Jahre (*1918), nimmt sich der sozialen und psychologischen Problematik und Veränderung des Porteño im städtischen Leben an.

*Discépolo* hat einmal versucht, seine Arbeit in Worte zu fassen: *„Der Ursprung des Tangos ist die Straße. Deshalb gehe ich durch die Stadt und versuche, in ihre Seele einzudringen und mir vorzustellen, was dieser Mann oder diese Frau, die vorübergehen, gerne hören würden, was sie in einem glücklichen oder schmerzvollen Moment ihres Lebens singen würden."* (zitiert nach Salas, 1986, S.198, Übersetzung der Verfasserin)

Das Publikum ist der Mensch auf der Straße; er soll ein Stück seiner eigenen Geschichte hören, seiner Sehnsucht und seines Schmerzes. Die Nähe zum einfachen Leben und Leiden, das gilt wohl für alle genannten Textdichter, bleibt das Grundprinzip des Tangos.

## DER TANGO ALS TANZ

„El tango es una possibilidad infinita."
(Leopold Marechal, zitiert nach Salas, 1986, S.9)

Ende des 19. Jahrhunderts sind die Anfänge des getanzten Tangos zu finden. Die komplexe Situation in Buenos Aires und die ungeheure Vielzahl von wechselnden Einflüssen machen es unmöglich, eine exakte Entwicklung des Tangos als Tanz aufzuzeigen. Dennoch gibt es Erklärungen für seine Entstehung, die unumstritten sind. Zudem läßt sich das beschreiben, was in der heutigen Zeit noch besteht oder noch erzählt werden kann. Ein neu entstehendes soziales Phänomen, wie der Tanz, entwickelt sich in der Regel als Konglomerat aus anderem, ist kein Zufall, sondern Ausdruck eines Bedürfnisses, eines Mangels oder des Protestes.

Noch vor dem Tango entstand der Walzer, als Moment des Ausdruckes von Rebellion und als Bedürfnis nach Kommunikation, in dem der tanzende Mann und die tanzende Frau zum ersten Mal in einer neuen und vor allem engen Haltung zum Paar verschmelzen. *„Dieses Tanzen – eine Art Umarmung – war einst für Generationen plötzlich zum Bedürfnis geworden."* (Aravena, 1989, S.26)

Dem Walzer folgten die anderen Gesellschaftstänze, die Polka, die Mazurka usw., die über Paris ihren Weg nach Argentinien fanden. Sie alle jedoch waren Tänze der gehobenen Gesellschaftsschichten und somit salonfähig. Was fehlte, war ein Tanz, der inhaltlich und historisch das unruhige, aufgewühlte und unsichere Leben der Unterschichten repräsentierte (Aravena, 1989).

*„Denn bis der Tango auf sich aufmerksam macht, ist der Tanz nur ein Austausch von Figuren zwischen Mann und Frau gewesen, so etwas wie ein Dialog mit Schritten: im Chotis, in der Mazurka, in der Habanera, in der Milonga, die sich ihre Figurationen aus anderen Tänzen entlehnt haben. Die Protagonisten des Paares sind zwei aneinander gebundene Kräfte, jedoch ästhetisch autonom, im Ausdruck der Seelen und in den Verzierungen, die die Figuren prägen.*

*Im Tango – und darin liegt die Revolution – machen Mann und Frau aus diesem ewigen Kontrapunkt Harmonie: Sie sind zwei Stimmen des gleichen choreographischen Akkords."* (Ferrer, 1980, Band 1, S.53, Übersetzung der Verfasserin)

### Ein sexueller Tanz

Der Tango ist der 'hybride Tanz einer hybriden Masse von Menschen' (Salas, 1986), dessen Ursprünge und Vorläufer die vielen Tänze der Einwanderer und der Landbevölkerung bilden. Ihre Tänze, wie der Malambo und die Chacarera, haben sich im Leben der Stadt nicht durchgesetzt.

Im Laufe der Geschichte haben außer der Milonga der Compadritos (die verstädterte Form des Gauchos), die zunächst als rein musikalische Form in die Stadt kam und später ähnlich wie die Habanera getanzt wurde, sowie die Habanera selbst und der Tango andaluz noch andere Paartänze ihren Platz im kulturellen Leben erhalten. Die Mazurka, die Polka, der Walzer waren eher Tänze der gehobenen Salons. Dazu kamen Tänze mit wechselnden Paaren, Kreistänze oder Paartänze, jedoch ohne daß die Partner einander berührten, so z.B. die Quadrille oder der Kontertanz (Gobello,1980).

In der Hafengegend hatten die Schwarzen ihre Treffpunkte und Tanzvergnügen, vielleicht genannt 'Tambo' oder auch 'Tango', was aber umstritten bleibt. Sie tanzten Candombe, *„ein sexueller Tanz, bis hin zur Musik."* (die Tänzerin Calderón, zitiert nach Hanna, 1993, S.45) und andere Tänze afrikanischen Ursprungs, jedoch keine Paartänze und keine Bewegungen, die eine unmittelbare Nähe zum Tango erkennen lassen. Nicht alle Forscher weisen deshalb im Zusammenhang mit der Entstehung des Tangos auf die Tänze der Schwarzen hin. Gobello (1980) beschreibt jedoch das Entstehen des Tangos als die Vermischung all dessen, was bereits vorhanden war, die Tänze der Schwarzen inbegriffen.

'Corte' und 'quebrada' sind die beiden Schlüsselbegriffe, die den Anfang des Tangos markieren. Darüber sind sich die Forscher einig, wenn auch niemand zu sagen vermag, was diese Begriffe genau bezeichnen. Gobello (1980) sagt, es seien tänzerische Eigenheiten, die sich der Compadrito beim Schwarzen abgeschaut hat, Unterbrechungen und plötzliche Wendungen beim Tanzen. Corte, von cortar = schneiden, bedeutet im Wortsinn Schnitt oder Einschnitt; quebrada, kommt von quebrar = brechen oder biegen, eine quebrada ist eine Bergschlucht oder auch eine geschlängelte Linie, im südamerikanischen Sprachgebrauch auch ein Bach.
Die Verwendung von corte und quebrada in den Paartänzen der Compadritos und der Einwanderer um Ende 1800 markiert nicht die Entstehung eines völlig neuen Tanzes, keinen Urknall also, sondern vielmehr eine neue Art, das zu tanzen, was bereits getanzt wurde. Sie ist eine Anpassung des Vorhandenen, an veränderte Bedürfnisse nach mehr Nähe und nach sexuellem Kontakt, getanzte Schritte zur Lösung zweier Hauptprobleme der Zeit: die Einsamkeit und das Ungleichgewicht der Anzahl von Männern und Frauen in Buenos Aires.
'Mazurka con corte', 'Habanera con corte' unter Aufgabe der Distanz zwischen den Partnern, das waren also *'Tangos im Embryonalstadium'* (Gobello, 1980), wobei die Milonga (ohne corte und quebrada) als eigener Tanz erhalten blieb – eine Art vergnüglicher Ausgleich zum Tango, welcher nun Ausdruck der Problematik der Unterschichten zu werden beginnt und damit seine ihm eigene Schwermut entwickelt.
Es ist wahrscheinlich, daß sich die musikalische Form des Tangos durch die Anforderungen des neu entstehenden Tanzes verändert hat, durch rhythmische Veränderungen und durch das Entstehen des Tango canción, des Tango-Liedes, welches auf verbaler Ebene das ausdrückt, was Haltung und Choreographie im Tanz ausdrücken.
Mit dem Anwachsen der Popularität des Tangos vermehren sich auch die Orte, an denen getanzt, gelehrt, geübt wird. Immer mehr Salons von unterschiedlichem Niveau entstehen. Dies sind Orte, die nur als Bordell oder Cabaret zu beschreiben sind. Das Lunfardo hält hierfür eine beachtliche Anzahl von Ausdrücken bereit und weist damit auf ihre außerordentliche Bedeutung hin. Dies sind aber auch einfache Tanzveranstaltungen für das Volk, die in Turnhallen stattfanden, aber auch in Räumen, die nicht größer als ein Zimmer waren – für diese Veranstaltungen bürgert sich im Laufe der Zeit der Begriff 'Milonga' oder 'Club' ein.

Bereits um die Jahrhundertwende entstehen die ersten Academias, die in den meisten Fällen als Orte des Lernens beschrieben werden. Sie werden geschildert als *„einfache Cafés, in denen Frauen bedienten und Musik gespielt wurde, meist Leierkasten; zwischen zwei Gläsern tanzte man ein wenig mit der Bedienung."* (de Veyga, zitiert nach Gobello, 1980, S. 23, Übersetzung der Verfasserin) An anderen Stellen ist die Academia ein Ort, um zu lernen, um zu tanzen, aber nicht ohne dafür zu bezahlen, *„da holte man sich 10 Chips für einen Peso und tanzte mit den Mädchen."* (der Tänzer Pepito, zitiert nach Hanna, 1993, S. 98) Petróleo, ein alter Milonguero erzählt: *„In der Academia wurde immer unter Männern getanzt. Da zahlte man 30 Centavos, und sie legten Platten auf oder hatten ein Bandoneon. Die Frau hatte damit nichts zu tun, die lernte vom Zuschauen."* (der Tänzer Petróleo, zitiert nach Hanna, 1993, S. 61)
Die allerersten Übungen fanden aber in der Regel zuhause statt, im Wohnzimmer der Eltern oder der Nachbarn. Erste Tanzschritte lernte man von der Mutter oder von den Mitschülern nach der Schule, an der Straßenecke.

## Die Sprache der Beine

Der heutige Grundschritt des argentinischen Tangos, 'la base', besteht aus acht Schritten, in denen sowohl der Mann als auch die Frau ihr rechtes und linkes Bein jeweils abwechselnd benutzen.
Die 'base' ist Ausgangspunkt aller weiteren Figuren, d.h. zu Beginn der Entwicklung des Tangos Ausgangspunkt aller cortes *„wie Pinselstriche eines Malers."* (die Tänzerin Calderón, zitiert nach Hanna, 1993, S. 45) und quebradas, die aus der Improvisation entstanden und auch immer neu entstehen, von denen einige jedoch immer wiederholt und weitervermittelt wurden und inzwischen zum festen, aber nicht festgelegten Schrittrepertoire des Tangos gehören. Bereits sehr früh in der Geschichte des getanzten Tangos entstehen Figuren wie die corrida (Lauf), die sentada (Setzen), die asentada (Festsetzen), der boleo (Kugelwerfen), die boleada (Treiben des Viehs) die cachetada (Ohrfeige), der cerrojo (Riegel), die patadita (kleines Aufstampfen der Frau), das cruze (Kreuz), die rueda (Rad), die refilada (Streifen, schräg, beiläufig), der volteo (Umdrehen, Luftsprung) (Ferrer, 1980, Übersetzung der Verfasserin).
All diese cortes, teilweise etwas brutal und vulgär, sind Aktivitäten des Mannes, die geführt werden, denen die

Frau folgt und in die sie Verzierungen einfügen kann, jedoch ohne den Fluß des Tanzes, den der Mann bestimmt, zu stören (die Tänzerin Calderón, in Hanna, 1993).
Dabei bezeichnen die meisten dieser Begriffe und Figuren nicht mehr und nicht weniger als ein Bild, wie die Übersetzungen deutlich machen. Es sind Überlieferungen von Schritten, die irgendwann einmal jemand zum ersten Mal gemacht hat, die danach viele neue Versionen gefunden haben. Jeder Begriff kann mehrere Schritte bezeichnen oder unterschiedliche Zusammenfügungen von Schritten, verschiedene Begriffe können jedoch auch ein und dieselbe Figur bezeichnen.

Mehr als zur Eingrenzung und Festlegung von Schritten dienten diese Bezeichnungen der Kommunikation und Verständigung über Schritte und Ideen. Oft wurden sie in Zusammenhang mit dem Namen des Tänzers genannt, der einen Schritt entdeckt hatte oder ihn in besonders origineller Weise machte. Heute ist nicht mehr mit Sicherheit festzulegen, manches Mal aber von der Begrifflichkeit abzuleiten, welcher Schritt oder welche Kombination sich hinter einem Wort damals verbarg. Manche dieser Begriffe sind aus dem modernen Tango-Vokabular verschwunden, andere sind inzwischen zu festen Begriffen geworden, die bestimmte Schritte bezeichnen. Nach wie vor jedoch benutzen Schulen und Lehrer Begriffe uneinheitlich.
Horacio Ferrer (1980) schreibt: *„Von den bekannten Figuren halten sich nur wenige. Die absolute Originalität dieser Zusammenkunft von Körpern offeriert einen unendlich großen Erfindungsreichtum. Viele Schritte verschwinden, kaum daß sie getanzt wurden, für immer.“* (Band 1, S. 53, Übersetzung der Verfasserin)
Und es war eben auch nicht das, was im Mittelpunkt dieses Tanzes stand; es ging nicht um Vielfalt oder gar um Perfektion oder Wettbewerb, vielmehr *„ignorierten die Schöpfer das Schicksal ihrer kühnen Erfindungen, sie wollten lediglich fühlend tanzen, tanzend sprechen.“* (Carlos Vega, zitiert nach Aravena, 1989, S. 30)
Es geht also nicht um Schritte, obgleich sie sich beschreiben lassen und sich im Laufe der Entwicklung des Tangos sichtbar verändern, differenzieren, sich unterschiedlichen Tanzstilen zuordnen lassen und sich mit ihnen auch die Tanzhaltung in unterschiedlichen Richtungen verändert. Das Entscheidende beim Tango bleibt das Miteinander, tanzendes Fühlen – und das Gehen, als die elementarste und doch schwerste aller Bewegungen.

*„Wer den Tango gut tanzen kann, der geht gut, aber dazu braucht man zehn Jahre – um eine Figur zu lernen, zehn Minuten.“*
(der Tänzer Eduardo im Interview mit Fabiana Basso, Tangoinfo Nr. 6)

## Eine endlose Umarmung

„Choreographisch betrachtet ist der Tango ein Tanz, der denen gehört, die ihn tanzen – und das sind die engumschlungenen Paare.“
(Aravena, 1989, S. 14)

Die Haltung beim Tango entwickelte sich zunächst aus dem Bedürfnis heraus, dem Partner so nah wie tanzend nur irgend möglich zu sein. Sie wird von Carmen Calderón (in Hanna, 1993), eine der wenigen Tänzerinnen, die es im Tango zu Berühmtheit gebracht hat, sinngemäß fogendermaßen beschrieben:
Die Körper berührten sich fast vollständig, die rechte Hand des Mannes greift weit um die Taille der Frau herum, der linke Arm der Frau schlingt sich je nach Größenverhältnis um seinen Nacken oder ruht auf seinem rechten Oberarm, so daß sie sich auf seiner rechten Schulter leicht abstützen kann. Die beiden freien Arme halten sich an den Händen gefaßt und werden bis fast über Kopfhöhe erhoben. Die Führung in dieser Haltung kann über wechselnden Druck der Hand des Mannes in der Taille der Frau erfolgen, liegt aber im Wesentlichen darin, daß die Frau einen Teil ihres Gewichtes an den Mann abgibt, sich leicht anlehnt und sich auf diese Weise perfekt an die Schritte des Mannes, die sie nicht kennt, anpassen kann.
Es ist dies die typische eigenwillige Haltung des Tangos der frühen 20er Jahre, in dem das Bild der gedrungenen, ineinander verschlungenen Paare vorherrscht. Diese Haltung ermöglicht eine unmittelbare Übertragung der Körperbewegungen des Mannes auf den Körper der Frau. Vom Mann werden Klarheit und Festigkeit in der Bewegung verlangt, ohne jedoch hart und unnachgiebig zu sein, was den Bewegungsfluß unterbricht. Von der Frau wird eine völlige Hingabe verlangt, eine Geschmeidigkeit des Körpers, ohne dabei an Spannung und Aufmerksamkeit für plötzliche Veränderungen zu verlieren.
Dabei wird diese Haltung jedoch an keiner Stelle als einzig richtige festgeschrieben, vielmehr kann es als gesichert gelten, daß es immer so viele Tanzhaltungen gab und gibt, wie es unterschiedliche Paare und Stimmungen gibt.
Was jedoch meist gilt ist, daß die Frau dazu verpflichtet ist *„ihm zu folgen, der Mann ist der Schöpfer.“* (die Tänzerin Calderón zitiert nach Hanna, 1993, S.36) Es sind

EL CHOCLO
TANGO
MÚSICA DE
ANGEL VILLOLDO
LETRA DE
C. Marambio Catán y
Enrique S. Discépolo
Joyas de nuestra
canción porteña
Editorial Musical
Alfredo Perrotti
Precio de Venta $ 6.00
Editorial Musical
ALFREDO PERROTTI
EL VIEJO HOGAR DE LA MUSICA ARGENTINA
Criado

Dedicado con mi mayor afecto a los buenos amigos: LUIS A. ALONSO y RODOLFO SCIAMMARELLA
PERO,... YO SE
CANCION
TANGO
LETRA Y MUSICA DE
AZUCENA MAIZANI
UNICO EDITOR AUTORIZADO
JUAN E. RIVAROLA
Mexico 1112 - B. de Irigoyen 143
BUENOS AIRES
RECHACE LAS FALSIFICACIONES
Queda hecho el depósito que marca la Ley 7092

klare Rollenvorstellungen, mit denen wir es hier zu tun haben, die im ersten Moment erschreckend einfach und stigmatisierend wirken können, jedoch keines von beidem sein müssen – hier sind sie zunächst Ausdruck einer Zeit, einer Gesellschaft, einer Entwicklung und damit auch eines Bedürfnisses.

Mit der Zeit gewinnt der Tango an unterschiedlichen Facetten, entsteht neben einem Tanz, der das reine Fühlen, die Begegnung von Mann und Frau in den Mittelpunkt stellt, ein Interesse an der Bewegung als Form künstlerischen Ausdrucks. An diesem Punkt, an dem Figuren komplizierter und komplexer werden, kann die enge Tanzhaltung als störend empfunden werden, da sie sowohl den Mann in seiner Bewegungsfreiheit einschränkt, als auch der Frau wenig eigene Bewegungsräume zugesteht.
Márquez, ein alter Milonguero meint: *„Wenn ich also meine Sachen machen möchte, muß ich die Verbindung zur Frau lösen. Also ehrlich gesagt, möchte ich nicht, daß wir zusammen einschlafen. Ich will, daß sie sich etwas entfaltet und irgendwas macht."* (der Tänzer Márquez, zitiert nach Hanna, 1993, S. 53) Mit dieser inneren Haltung verändert sich auch die äußere Tanzhaltung, die Partner lösen sich voneinander, die Führung bleibt beim Mann, gesteht der Frau aber einen eigenen Raum zu. Durch den vergrößerten Abstand der Partner zueinander wird dem Mann ein Teil der Führungsmöglichkeit über den direkten Körperkontakt genommen. Die Körperführung verändert sich, bleibt aber weiterhin bestehen. Die Frau orientiert sich am Oberkörper des Mannes, sucht einen gleichmäßigen Abstand und versucht die Parallelität der Oberkörper, das heißt den Kontakt, niemals aufzugeben. Gleichzeitig bemüht sich der Mann, durch einheitliche Bewegungen von Oberkörper und Armen der Frau eindeutige Signale zu geben.
Immer noch ist der Tango eine Begegnung zwischen zwei Menschen, richtet sich nach innen, nicht nach außen, verliert jedoch etwas von dem Versuch, eine intensive körperliche Nähe herzustellen, die allein durch die äußere Situation limitiert ist. Márquez formuliert: *„Ein paar Schritte, du erfindest was und fertig; du tanzt es einfach. Es geht nicht darum, sich fürchterlich aufzublasen oder so, es ist etwas Zartes und Gutes."* (der Tänzer Márquez zitiert nach Hanna, 1993, S. 53)
Mit dieser allmählich vollzogenen Lösung der Partner aus der engen Umklammerung werden die Drehungen des Tangos der 40er Jahre und die eleganten und ausgreifenden Schritte des Salontangos möglich. Nach wie vor ist der Tango Improvisation, muß daher führbar sein und entsteht in jedem Augenblick neu.
Mit dem Aufkommen von abgesprochenen Figuren und festgelegten Choreographien wird es möglich und nötig die Tanzhaltung noch weiter zu lösen. Es wird sogar möglich, sich zeitweilig völlig loszulassen. Heute befinden wir uns bereits am Kreuzungspunkt von Tango und modernem Tanz.

Die Haltungen haben sich historisch nacheinander entwickelt, schreiben sich aber heute jede auf ihre Weise fort; denn jede dieser Formen von äußerer Körperhaltung repräsentiert eine innere Haltung. Die Lust an Begegnung und Verschmelzung, die Lust an Bewegung und Erfindung, die Lust an künstlerischem Ausdruck und dem Tanzen für ein Publikum, können unterschiedliche Intentionen sein, die unterschiedlichen Ausdruck erfordern, können sich aber auch vermischen. Die immer wieder versuchte Benennung der Stile in Begriffen wie 'Tango con corte', 'Tango canyengue' oder 'orillero', 'Tango de Salón', 'Tango fantasía' oder 'acrobatico' bleibt unklar. Es ist der Versuch, die unendliche Vielfalt von Haltungen und Schrittkombinationen in Verbindung zur Musik bestimmten Zeiten, teilweise auch sozialen Klassen zuzuordnen. Haltungen und Schrittkombinationen bleiben aber letztendlich von Lehrern und Vorbildern sowie vom persönlichen Stil abhängig.
Je weniger der Tanz auf Führung angewiesen ist, desto ausgewogener, desto gleicher, kann die Rolle von Mann und Frau werden. Von 'Gleichberechtigung' im Zusammenhang mit der klassischen Rollenzuweisung im Tango zu sprechen, ist mißverständlich. Die scheinbare Dominanz des Mannes ist in Wirklichkeit eine, die die Frau ihm zeitweilig gewährt, die sie mitbestimmt. Maria Nieves, langjährige Partnerin von Copes sagt, *„daß die Frau achzig und der Mann zwanzig Prozent ist, aber ich werde dem Copes fünfzig zu fünfzig zugestehen, weil er selbst von einem Gleichgewicht spricht. Im wirklichen Leben ist die Frau dem Manne praktisch ebenbürtig, und ebenso im Tanz."* (die Tänzerin Nieves, zitiert nach Hanna, 1993, S. 81)
Hierzu ist es wichtig, die Rolle des Machismo in der argentinischen Gesellschaft zu begreifen, die subtile Macht der Frau, die gleichzeitig bereit ist, einem traditionellen Bild von Frau und Weiblichkeit zu entsprechen.

Dabei soll nicht verloren gehen, daß die Rollenverteilung im Tango, die dem Mann eine aktive und verantwortliche Rolle, der Frau eine passive und dienende Rolle zuweist, anfangs eng verknüpft erschien mit sexuellen Bedürfnissen des Mannes und finanziellen Bedürfnissen der Frau und keine Grundlage für eine freie Entscheidung von Seiten der Frau bot.
Im Tango als Tanz manifestiert sich eine deutliche Auseinandersetzung um die Geschlechterrollen. Sie werden sowohl immer noch eingehalten, als auch immer wieder aufgebrochen – beides kann Ausdruck sozialer oder individueller Bedürfnisse sein.

# Literaturverzeichnis

* Alifano, Roberto (1985). Conversaciones con Borges. Buenos Aires, Editorial Atlántica
* Aravena, Jorge (1989). El Tango. Die Geschichte von Carlos Gardel. Berlin, Transit Buchverlag
* Braun, Rudolf und Gugerli David (1993). Macht des Tanzes, Tanz der Mächtigen. Hoffeste und Herrschaftszeremoniell 1550 – 1914. München: Verlag C.H. Beck
* Ferrer, Horacio (1980). El Libro del Tango. Arte Popular de Buenos Aires. (Band 1 – 3). Barcelona, Antonio Tersol Editor
* Gadamer, Hans-Georg (1977). Die Aktualität des Schönen. Stuttgart, Reclam Verlag
* Gobello, Jose (1980). Cronica general del Tango. Buenos Aires, Editorial Fraterna
* Handke, Peter (1985). Die Geschichte des Bleistifts. Salzburg & Wien, Suhrkamp Taschenbuch Verlag.
* Hanna, Gabriela (1993). Así bailaban el tango. Berlin, Metro Verlag
* Heyer, Friedrich (Hrsg). (1958). Der Tanz in der modernen Gesellschaft. Hamburg, Furche Verlag
* Junk, Victor (1990). Grundlegung der Tanzwissenschaft. Hildesheim, Georg Olms Verlag
* Kahle, Günter (1987). Die Geschichte Argentiniens 1516 – 1946. Iberoamerika: Ausgewählte Aufsätze. Köln, Böhlau Verlag
* Klein, Gabriele (1994). Frauen Körper Tanz. Eine Zivilisationsgeschichte des Tanzes. Weinheim/Berlin, Quadriga Verlag
* Künstlerhaus Bethanien, Leitung Dr. Michael Haerdter (Hrsg). (1982). Melancholie der Vorstadt: Tango. Berlin, Verlag Fröhlich und Kaufmann
* Nietzsche, Friedrich (1985). Also sprach Zarathustra. Ein Buch für alle und keinen. Stuttgart, Philipp Reclam Junior
* Otterbach, Friedemann (1992). Einführung in die Geschichte des europäischen Tanzes. Ein Überblick. Wilhelmshaven, Florian Noetzel Verlag
* Petzold, Hilarion Hrsg (1991). Tanztherapie – Theorie und Praxis. Ein Handbuch. Paderborn, Junfermann Verlag
* Pierre, José Hrsg.). (1994). Recherchen im Reich der Sinne. Die zwölf Gespräche der Surrealisten über Sexualität 1928 –1932. München, Verlag C.H. Beck
* Reichardt, Dieter (1984). Tango. Verweigerung und Trauer. Frankfurt am Main, Suhrkamp Verlag
* Salas, Horacio (1986). El Tango. Buenos Aires: Editorial Planeta Argentina
* Schlör, Joachim (1991). Nachts in der großen Stadt. Paris – Berlin – London (1840 – 1930). München, Artemis & Winkler Verlag
* Tango-Werkstatt Regensburg (Hrsg.). (1994). *Tango-Info.* (Ausg. Nr. 6 und 7). Regensburg, Tannenstr. 10, 93152 Undorf
* Weilner, Ignaz (1947). *Tanz und Erotik.* Regensburg, Gregorius Verlag, vorm. Friedrich Pustet
* Werner, Bruno E. (1962). *Die zwanziger Jahre.* München, Buckmann KG. (Graphische Kunstanstalten)

# Autoren und Künstler

*Amira Cámpora,* geb. 1966 in St. Nicolas Argentinien, aufgewachsen in einer Kleinstadt in der Provinz, Studium der Pädagogik sowie Ausdruckstanz, lernt Tango kennen und tanzen von den alten Tangueros an der Basis, in den Milongas von Buenos Aires. Lehrer: Gustavo und Graciela, lebt in Frankfurt und BA, internationale Tanzauftritte und Unterrricht

*Michael Domke,* geb. 1951 in Nörten-Hardenberg, aufgewachsen in Hildesheim Studium der Medizin in Göttingen, Frauenarzt, seit 1988 Tango-Tänzer und -lehrer, Begründer und Betreiber von „La Milonga", Bremen, internationale Tätigkeit als Lehrer und Showtänzer

*Elisabeth Luchesi,* geb. 1954 in Fulda, Ethnologiestudium in Mainz und Berlin, Studienreisen nach Lateinamerika, Afrika und Asien, Studium der Malerei, Meisterschülerin bei Prof. Marwan, seit 1987 freiberufliche Malerin, 1986 Tango Argentino beim Tanzensemble Hilmar Stüben im Zollhaus, Zeichnungen direkt beim Tanzen, 1992 Mappe „Tango Argentino"(lim. Edition)

*Veronika Nadj,* geb. 1950, seit 1978 freie Künstlerin in Stuttgart, 1986 Gründung der Komödiantengruppe Kowskj Komedian mit Boris Hauck, Arbeitsbereiche: Malerei, Tanz, Artistik, Schauspiel, Performance, Tango-Tanzen und Tango-Lehrerin seit mehreren Jahren

*Nicole,* geb. 1963 in Düsseldorf, dort aufgewachsen, Abitur und Besuch der Kunsthochschule, 1986-90 Tätigkeit als Graphik-Designerin, seit 1987 Tango-Tanzen, 1988 Begegnung in Buenos Aires mit Ricardo, 1990 gemeinsame Übersiedlung nach BA, seit 1991 internationale Auftritte und Lehrtätigkeit

*Ruth Rall,* geb. 1948 in Leipzig, seit 1949 in Garmisch-Partenkirchen, in München Ausbildung an der Bayerischen Staatslehranstalt für Photographie, seit 1978 in Seehausen bei Murnau, photographiert intuitiv, geht mit offenen Augen durch die Welt und findet Bilder, seit 1992 Kontakt zum Tango, Organisation von workshops in Murnau

*Rainer Rappmann,* geb. 1950 in Karlsruhe, Studium an der Erziehungswiss. Hochschule: Kunst, Deutsch, Philosophie, 1977-1982 Waldorflehrer, 1981-91 Freie Volkshochschule Argental, seit 1991 selbständiger Verleger im FIU-Verlag, seit 1996 Tango-Tanzen und Beschäftigung mit dessen Hintergrund

*Marie-Paule Renaud,* geb. auf Madagaskar, Tango-Kontakt seit frühester Kindheit durch die Eltern, seit 1983 bewußtes Aufgreifen u.a. durch Ausbildung bei Todaro, Arquimbau, Ester & Mingo Pugliese, Pepito, Gründung des „Tango Gotan" in Hamburg, Lehrbeauftragte für Tanztherapie am Fritz-Perles-Institut, Forschungsprojekt über die Semiologie des Tango an der Universität in Hamburg, workshops

*Gerrit Schüler,* geb. 1966, lebt und arbeitet in Bremen, Dipl. Psychologin seit 1994, beschäftigt sich seit acht Jahren künstlerisch und wissenschaftlich mit dem argentinischen Tango, seit mehreren Jahren Tango-Lehrerin in verschiedenen deutschen Städten, seit 1994 Tänzerin der Gruppe „Arrabal" mit Auftritten im In- und Ausland (u.a. Tournée mit Beba Pugliese), seit 1995 Ausbildung zur Tanz- und Ausdruckstherapeutin am Langen-Institut in Monheim

*Albrecht Walter,* geb. 1958 in Gelsenkirchen, künstlerische Ausbildung u.a. im Ruhrgebiet und in Süditalien, welches insbesondere seinen „Farben- und Wärmesinn" prägte. Lebt heute mit seiner Familie als freischaffender Künstler und Clown in Bremen. Den Tango entdeckte er über eine intensive Auseinandersetzung mit dem „Tango Nuevo" Astor Piazzollas.

„Der Tango als Tanz ist das Schönste, was es gibt.
Man muß ihn mit Kraft angehen,
mit viel Zärtlichkeit und mit vielen Stunden Arbeit.“

Antonio Todaro

# Photo- und Quellennachweis

Boletin del Tango, Berlin:
Nr. 7 (Archivo General de la Nation, BA): S. 19 links unten
Nr. 10 (Photo: Norbert Zimmermann): S. 19 links oben
Nr. 11 (Bilder: Maria Martha Pichel, BA): S. 19 rechts oben, S. 21 links unten

Egger, Brigitte, Zürich: S. 10 rechts oben (Zeichnung Tango-Paar) aus der Dipl.arbeit „Paartanz und Gegensatzvereinigung“

Ediciones Centro Arte, BA (Mappe) 1964: Tango – Cancion de Buenos Aires, ilustraciones y láminas de Juan Carlos Castagnino: S. 14, 17, 105, 132, 147

Hanna, Gabriela: Asi bailaban el tango, Berlin 1993: Zitate auf den Seiten 14, 19 (Photo: Zotto/Plebs), 62, 80, 104, 147

Möbius, Karin, Meckenbeuren: S. 99 u. 103

Parpagnoli, Maximo, BA: S. 15 (Ricardo y Nicole)

Rall, Ruth, Seehausen/Murnau: Titelbild, S. 21 links oben u. rechts unten, S. 25, 29, 33, 37, 40

Rappmann, Rainer, Wangen: S. 10 links (Skizze), S. 20 rechts unten, S. 21 rechts oben, S. 93

Renaud, Marie-Paule, Hamburg (Archiv): S. 63, 65 (Photo: Rosendahl, HH), 69, 70 73, 75 (Photo: Christian Popkes, HH), 78, 114, 116 119, 121, 123, 124, 126, 125, 127, 128, 129, 131, 133, 135, 137, 141, 142

Schallplattenhüllen (Piazolla und Troilo): S. 61, 62

Stuckenbrock, Heike, Friedrichshafen: S. 20 links unten

Walter, Albrecht, Bremen: S 10 rechts unten (Zeichnung), S. 64

Tango-Zeitung TANGUERA: S. 100 (Carlos Cardel)

unbekannt: S. 95, 97

TANGO
MILONGA
VALS
photo: www.rescio.net
24h geöffnet: Internetshop mit ca. 20000 Tango-Files zum Probehören.
Versand von mehr als 4000 Tango- und Salsa-CDs overnight aus unserem
Lager in Hamburg. Alle CDs zum Anfassen: Der Latin-Laden im Zentrum
von Hamburg. To the roots: Reiseangebote für Salsa- und Tangofans.
www.dym.de
Danza y Movimiento
phone 040 340 328 mail: info@dym.de
Danza y Movimiento GmbH Hütten 118 20355 Hamburg